FIRST

GERMAN BOOK

AFTER THE

NATURAL OR PESTALOZZIAN METHOD

FOR

SCHOOLS AND HOME INSTRUCTION.

BY

JAMES H. WORMAN, A.M., PH.D.,

AUTHOR OF A SERIES FOR THE MODERN LANGUAGES, ETC.; AND PROFESSOR IN THE
ADELPHI ACADEMY, BROOKLYN, N. Y.

NEW YORK ·:· CINCINNATI ·:· CHICAGO

AMERICAN BOOK COMPANY

CHAUTAUQUA LANGUAGE SERIES.

Erstes

Deutsches Buch

nach der

Natürlichen Methode

für

Schule und Haus.

Von

James H. Worman, A.M., Ph.D.,

Professor der deutschen Sprache an der Chautauqua Sommer-Schule und der modernen
Sprachen und Literatur an der Adelphi Academy, Brooklyn, N. Y.

NEW YORK ·:· CINCINNATI ·:· CHICAGO

AMERICAN BOOK COMPANY

WORMAN'S MODERN LANGUAGE SERIES.

GERMAN.

*First German Book, after the Natural or Pestalozzian Method, for Schools and Home Instruction. 12mo, 69 pages.

Second German Book, intended to continue the work of the *First Book*, but also very valuable as a *Reading Book* in Elementary classes. 12mo, 84 pages.

> The exercises are so developed out of pictured objects and actions, and are so well graduated, that almost from the very outset they go alone. A beginner would have little use for a dictionary in reading. The words are so introduced, and so often used, that the meaning is kept constantly before the mind, without the intervention of a translation.

An Elementary German Grammar. An easy introduction to the language. 12mo, 300 pages.

A Complete German Grammar. A full and comprehensive treatment of the language for School or Home, with a comprehensive Vocabulary giving *Synonymical Equivalents*.

An Elementary German Reader, carefully graded by extensive notes, making it serviceable to the very beginner. 12mo, 145 pages.

A Collegiate German Reader, or Introduction to German Literature. With philological notes and references to the Grammars, and an adequate Dictionary. 12mo, 525 pages.

A Manual of German Conversation — the "German Echo." For practice in the spoken language. 203 pages.

> It presupposes an elementary knowledge of the language, and furnishes *a running German text*, allowing the learner to find the meaning of the words (in the appended Vocabulary), and forcing him, by the absence of English in the text, to *think in German.*

FRENCH.

First French Book, after the Natural or Pestalozzian Method, for Schools and Home Instruction (on the same plan as the German). 12mo, 83 pages.

Second French Book—to follow the *First Book*, or to be used as an *Elementary French Reader*.

Grammaire Française, containing only the *Essentials of French Grammar*, and pointing out the *variations* of the French from the English. 12mo, 184 pages.

Teacher's Hand-book to the Grammaire Française, furnishing the English teacher ample material for successful use of this book. 12mo, 108 pages.

A Manual of French Conversation — the "Echo de Paris." Plan of the "German Echo." 12mo, 212 pages.

> C'est un véritable trésor, merveilleusement adapté au développement de la conversation familière et pratique, telle qu'on la veut aujourd'hui. Cet excellent livre met successivement en scène, d'une manière vive et intéressante, *toutes* les circonstances possibles de la vie ordinaire.

SPANISH.

First Spanish Book, after the Natural Method (like the German). 12mo, 96 pages.

Second Spanish Book—to follow the *First Book*, and to serve also as an *Elementary Spanish Reader*.

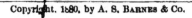

TO THE

REV. J. H. VINCENT, D. D.,

WHOSE TIRELESS EFFORTS FOR THE DIFFUSION OF KNOWLEDGE
AMONG ALL CLASSES OF AMERICAN SOCIETY HAVE WON
THE APPROVAL OF A GRATEFUL PEOPLE, THIS
BOOK, INTENDED TO FACILITATE AND POP-
ULARIZE THE STUDY OF FOREIGN
LANGUAGE, IS MOST RESPECT-
FULLY DEDICATED.

INTRODUCTION.

This **First German Book** is intended for beginners wishing to learn the spoken language of Germany. The special aim is to supply all that must be taught the pupil in order to enable him to understand and use the German. It is not a treatise on the language. There is just enough of grammar to suffice the need of the pupil.

The peculiar features of its method are Pestalozzian in character. It **Method of this book.** differs, however, radically from all other methods teaching a foreign language without the help of the learner's vernacular.

1. **The language is taught by direct appeal to illustrations of the objects mentioned.** The student is not allowed to guess what is said. He speaks from the first hour *understandingly and accurately.*

2. Made up of a series of conversations, such as might naturally occur, **the lessons convey much practical information** and uninterruptedly engage the observing as well as the thinking faculties of the learner's mind.

3. **Everything is taught by contrast and association,** to avoid overtaxing the memory at the expense of the reason.

4. Throughout the course **grammar is taught both analytically and synthetically.** In the text the **essentials** only are given. The foot-notes,* however, contain a large amount of information, and their contents should be carefully noted by teacher and pupil, as they are needful for the student's progress in reading.†

5. **The Rules are introduced after the Examples;** the purpose being to employ first the lower or sense faculties of the mind. Theory follows practice. The laws of the language are as it were the learner's own deductions from the examples. The concrete, therefore, always precedes here the abstract.

6. **Paradigms are used to enable the pupil to see the relation of the part to the whole.‡** It is easy to confuse the learner by giving him one person or one case at a time. This pernicious practice is discarded. Books that beget unsystematic habits of thought are worse than worthless.

7. **Heavy type is given to the variable inflections of nouns, verbs, etc.,** because it strikes the eyes and helps (the pupil to note the changes of these German words. The beginning is made

---

with the auxiliaries of tense and mood, because their kinship with the English makes them easily intelligible. Next follow the declensions of nouns, because alongside of them can be taught the declension of the articles, attributive adjectives, possessive and demonstrative pronouns, and indefinite numerals. The division into four declensions is used because the object is to give the simplest classification possible to the great variety of noun inflections. The personal pronouns are introduced early in the course to insure a proper address to superiors and inferiors, and to show the relation of the possessive to the genitive of the personal pronouns. In short, this little book contains within its few pages all the essentials of German grammar so presented that their mastery is easy, and the student prepared, upon its completion, to enter upon the study of the more recondite, complicated, and irregular principles of the language, which are treated in the *Second German Book*.

The author recommends, from his own experience, as the most successful method of using the **First German Book**:

Proper use of the book in schools. 1. Each lesson should be first read by the teacher to the class, and then in concert by teacher and pupils.

2. One pupil should next read by paragraphs, and after the reading of a paragraph a series of conversations should be developed out of the sentences read by the pupil.

3. The paradigms should be committed to memory.

4. The advance lesson should always be read before it is assigned for study. It is, therefore, far better to spend two recitations on one lesson.

5. Objects near at hand, or brought to the class for the purpose, may be taken by the *well-prepared* teacher to enliven the pupil's interest and to insure greater speed in his progress.

6. Reviews should be had on Monday of each week, if the class have daily recitation.

7. The **Complete German Grammar** (for colleges and seminaries) or the **Elementary German Grammar** (for common schools) should be used as a book of reference as soon as the pupil is ready (not later than the 15th lesson) to take up the **Elementary Reader**, and as a book of exercise for the translation of English themes into German. The Reading Exercises in the Grammars should only form the basis of conversation. The rules should *invariably* be translated by the pupil.

The book may be used for self-instruction as a companion to **Worman's Complete German Grammar**. The **For self-instruction.** first 44 pages of the Grammar must, however, have been *mastered* before the **First Book** is taken up. The **Elementary Reader** should be used as soon as the first 96 pages* of the **Complete Grammar** shall have been studied, or even sooner.

It is hoped that this little book will prove as useful to the school and the home as it has proved to the learners at Chautauqua, and that it may help to quicken the already lively interest of Americans in the language and literature of the Germans, whom Bayard Taylor calls the Greeks of modern civilization.

---

* The beginner should only use Lesson X of the *Complete Grammar*, as a reference lesson and should divide Lesson V.

Deutsches Alphabet.

A a

Aa

Apfel, der

Apfel

B b

L b

Birne, die

Birne

C c

L c

Citrone, die

Litrone

D d

D d

Dattelpalme, die

Dattel

M m  Melone, die

M m   *Meloun*

N n  Nuß, die

N n   *Nuß*

O o  Orange, die

O o   *Orange*

P p  Pflaume, die

P p   *Pflaume*

Q q

Quitte, die

R r

Rübe, die

S ſ s

Stachelbeere, die

T t

Tulpe, die

U u   Uhu, der

U u   *Uhu*

V v   Vampir, der

V v   *Vampir*

W w   Wachtel, die

W w   *Wachtel*

X x   *X x*   Y y   *Y y*

Z z   Ziege, die

Z z   *Ziege*

Erstes deutsches Buch.

Lection 1 (Eins).

Conjugation von haben.*   **Conjugation von sein.***

Das Präsens (= die Gegenwart).

ich habe	habe ich?	ich bin	bin ich?
du hast	hast du?	du bist	bist du?
er (sie, es) hat	hat er (sie, es)?	er (sie, es) ist	ist er?
wir haben	haben wir?	wir sind	sind wir?
ihr habt	habt ihr?	ihr seid	seid ihr?
Sie haben	haben Sie?	Sie sind	sind Sie?
sie haben	haben sie?	sie sind	sind sie?

Singular.   *Plural.*   *Einzahl.*   *Mehrzahl.*

Ein Mann.

Hier ist ein Mann. Ist das Herr Hammer? Ja, das ist Herr Hammer. Ist Herr Hammer ein Deutscher? Nein, Herr Hammer ist ein Amerikaner.

Was ist das? Das ist ein Auge. Ein Auge und ein Auge sind (= machen) zwei (2) Augen.

Ein Mann (= Mensch) hat zwei Augen und kann sehen. Albert, kannst du sehen, hast du Augen? Ja, Herr Wolf, ich habe Augen und kann gut sehen. Albert, kannst du Anna sehen? Ja, Herr Bär, ich kann Anna sehen. Wo ist Anna? Anna ist hier.

Ein Auge.

---

* Das ist die Infinitiv-Form. Siehe Seite 38, Note 8.

Ein Ohr.

Was ist das? Das ist ein Ohr. Ein Ohr und ein Ohr sind (= machen) zwei Ohren. Ein Mensch (= Mann) hat zwei (2) Ohren und kann hören. Anna, hast du Ohren, kannst du hören? Ja, Herr Fischer, ich habe Ohren und kann gut hören. Kannst du gut sehen, Rudolph? Ja, Herr Ochs, ich kann gut sehen und gut hören.

Was ist das? Das ist ein Haus. Ist das Haus neu oder alt? Es ist neu. Was ist neu? Neu ist nicht alt, und alt ist nicht neu. Robert, hier ist auch ein Haus, kannst du es sehen? O ja! ich kann es gut sehen. Ist dieses Haus neu oder alt? Es ist nicht neu, es ist alt. Ein Haus ist alt, und ein Haus ist neu.

Ein neues Haus.

Bist du alt, Anna? Nein, Herr Wolf, ich bin nicht alt, ich bin jung; aber Alfred ist alt. Ist Herr Ochs alt? Nein, Herr Ochs ist nicht alt, er ist jung.

Hier ist ein Mann. Ist er alt oder jung? Er ist alt, sehr alt. Er hat Augen, aber er kann nicht sehen. Was! er

Ein altes Haus.

Ein blinder Mann.

kann nicht sehen? Nein, er kann nicht sehen, er ist blind. Kann der Mann hören? Nein, er kann nicht sehen und nicht hören; er ist blind und taub. Emma, kannst du sehen? Ja, ich kann gut sehen und hören. Jakob, hörst du Rudolph? Nein, Herr Bär, ich höre Rudolph nicht. Was! bist du taub, Jakob? Nein, ich bin nicht taub und nicht blind; aber ich kann Rudolph nicht hören und nicht sehen.

Lection 2 (Zwei).

Eine Frau.

Hier ist eine Frau. Herr Hammer hat eine Frau; sie ist Frau Hammer. Haben Sie eine Frau? Ja, ich habe eine Frau. Was ist eine Frau? Meine Frau ist mein Weib. Ich bin Herr Wolf; mein Weib ist Frau Wolf.

Ein Knabe.

Was ist das? Das ist ein Knabe. Ist Johann ein Knabe oder ein Mann? Johann ist ein Knabe. Bist du ein Mann, Rudolph? Nein, Herr Bär, ich bin nicht ein (= kein) Mann, ich bin ein Knabe.

Wo ist Anna? Anna ist hier. Was ist Anna? Anna ist ein Mädchen. Was ist ein Mädchen? Das ist ein

Ein Mädchen.

Mädchen. Was bist du, Johanna? Ich bin ein Mädchen. Und was bist du, Karl? Ich bin ein Knabe. Ist Herr Wolf ein Knabe? Nein, ein Herr ist ein Mann. Herr Wolf ist ein Mann; er ist alt und hat eine Frau. Ist Anna nicht ein Mädchen? Ja, Anna ist ein Mädchen.

Was ist das? Ist das nicht auch ein Mädchen? Nein, das ist ein Fräulein. Ein Mädchen ist klein, ein Fräulein ist groß. Ein Mann ist groß, ein Knabe ist klein. Bist du groß, Albert? Nein, Herr Wolf, ich bin klein, ich bin ein Knabe. Ist

Ein Fräulein.

Fräulein Hammer taub? O nein! Fräulein Hammer ist nicht taub, sie kann sehr gut hören. Ist Frau Wolf klein? Nein, sie ist groß; sehr groß.

Wo ist Fräulein Anna? Fräulein Anna ist hier. Ist Fräulein Johanna hier? Nein, Fräulein Johanna ist nicht hier. Rudolph, sehen Sie Joseph? Nein, ich sehe Joseph nicht, ich sehe Wilhelm. Ist Wilhelm hier? Nein, er ist nicht hier. Wo ist Wilhelm? Er ist da. Was ist da? Da ist nicht hier, und hier ist nicht da. Ist Alfred hier oder da? Alfred und Wilhelm sind da. Lina! Bist du hier? Ja, Herr Ochs, ich bin hier.

Kann ich Fräulein Bertha sehen? Ja, Herr Wolf, Sie können Fräulein Bertha sehen. Wo ist Fräulein Bertha? Sie ist da. Wo sind Anna und Emma? Sie sind hier; kannst du nicht sehen, bist du blind? O nein! ich bin nicht blind; ich habe zwei Augen, und sie sind weit offen. Mache die Augen zu! Kannst du sehen? Nein, ich habe die Augen zu; aber ich mache die Augen auf und kann gut sehen.

Ist Herr Müller blind? Nein, Herr Müller ist nicht blind. Er hat die Augen zu, aber er ist nicht blind. Ist Herr Bäcker jung? Er ist alt, aber er kann gut sehen und gut hören. Emil, hast du die Augen zu? Nein, ich habe die Augen auf. Kannst du Fräulein Anna sehen? O ja! ich kann Fräulein Anna gut sehen; sie ist da. Wo sind Frau und Fräulein Hammer? Sie sind beide (= alle zwei) hier.

Lection 3 (Drei).

Conjugation von wollen.   **Conjugation von können.**

Das Präsens (= die Gegenwart).

Einzahl ich will	will ich?	ich kann	kann ich?
du willst	willst du?	du kannst	kannst du?
er will	will er?	er kann	kann er?
Mehrzahl wir wollen	wollen wir?	wir können	können wir?
ihr woll(e)t	woll(e)t ihr?	ihr könn(e)t	könn(e)t ihr?
Sie wollen	wollen Sie?	Sie können	können Sie?
sie wollen	wollen sie?	sie können	können sie?

Ein Fischer.

Was ist das hier? Das ist ein Mann. Was will dieser Mann? Er will fischen. Kann er fischen? Ja, er kann fischen, er ist ein Fischer. Kannst du fischen, Albert? Nein, ich bin kein (= nicht ein) Fischer. Johanna, bist du ein Fischer? O nein! Herr Wolf, ein Mann ist ein Fischer, seine Frau ist eine Fischerin. Das Wort Fischer ist männlich, Fischerin ist weiblich. Was ist männlich und weiblich? Der Mann ist männlich, das ist lateinisch masculinum. Die Frau ist weiblich, oder lateinisch femininum. Was nicht männlich und nicht weiblich ist, ist sächlich, oder lateinisch neutrum.

Ist ein Knabe männlich? Ein Knabe ist männlich: der Knabe. Was ist ein Mädchen? Ein Mädchen ist sächlich: das Mädchen. Was! ein Mädchen ist sächlich! Ja, das Wort Mädchen hat die Endung chen, diese Endung ist sächlich. Und was ist ein Fräulein, männlich, weiblich, oder sächlich? Das Wort Fräulein ist sächlich: das Fräulein. Das Wort hat die Endung lein, und diese Endung ist auch sächlich.

Ist das Mädchen eine Amerikanerin oder eine Engländerin? Das Mädchen ist eine Engländerin; der Knabe ist ein Engländer. Was bist du, Emma? Ich bin eine Amerikanerin. Und was ist Fräulein Anna? Das Fräulein ist auch eine Amerikanerin. Ist Herr Bär ein Amerikaner oder ein Engländer? Herr Bär ist ein Deutscher. Und was ist Frau Bär? Ist sie eine „Deutscherin"? O nein! sie ist eine Deutsche; die Dame ist eine Deutsche, der Herr ist ein Deutscher.

Was ist das? Das ist ein Fisch. Ist ein Fisch männlich? Ein Fisch ist männlich oder weiblich, aber das Wort Fisch ist männlich: der Fisch.

Ein Fisch.

Ein Knabe hat einen Fisch.

Was hat der Knabe? Der Knabe hat einen Fisch. **Knabe** ist hier das Subject, **hat** ist das Prädicat, und **Fisch** ist das Object. Der Nominativ ist für das Subject. Der Accusativ ist für das Object.* Das Wort Knabe hat hier den Artikel **der**; das ist der Nominativ männlich, und dieser Artikel ist bestimmt (*definite*). Das Wort Fisch hat hier den Artikel **einen**: das ist der Accusativ männlich, und dieser Artikel ist **unbestimmt** (*indefinite*).

Kannst du sehen, was der Knabe hat? Ja, ich kann sehen, was der Knabe hat. Nun, was hat der Knabe? Er hat einen Fisch. Was ist hier das Subject? **Er** ist das Subject. Was ist das Prädicat? **Hat** ist das Prädicat. Und was ist das Object? Das Object ist **Fisch** und hat den Artikel **einen**: er hat einen Fisch. Hast du einen Fisch? Ja, ich habe einen Goldfisch.

Ein Fisch und ein Fisch machen (= sind) zwei Fische.† Der Knabe hat einen Fisch, und du hast einen Fisch, das macht zwei Fische. Johann, kannst du beide (= die zwei) Fische sehen? Ja, Herr Wurm, ich sehe, der Knabe hat einen Fisch, und ich habe einen Fisch; das macht zwei Fische. Hat der Fischer auch Fische? O ja! der Fischer hat auch Fische. Hat die Fischerin Fische? Nein, die Fischerin hat keine (= nicht) Fische; sie kann nicht und will nicht fischen.

Ist die Fischerin eine Amerikanerin? Nein, die Fischerin ist eine Deutsche. Ist der Fischer ein Deutscher? Nein, der Fischer ist ein Engländer. Was bist du, Karl? Ich bin ein Amerikaner. Und was bist du, Emma? Ich bin eine Amerikanerin. Ist Fräulein Anna eine Engländerin oder eine Deutsche? O, sie ist keine Engländerin und keine Deutsche,

---

* Siehe Seite 27, Anmerkung (= Note) ‡.   † Siehe Seite 38, Lect. 13.

Anna ist eine Amerikanerin. Was ist Herr Fischer? Herr Fischer ist ein Deutscher. Und was ist Frau Fischer? Frau Fischer ist eine Deutsche.

Lection 4 (Vier).

Declination Eins.*

Einzahl		Mehrzahl	
Nominativ:	der (ein) Fischer	die (alle) Fischer	
Genitiv:	des (eines) Fischers	der (aller) Fischer	
Dativ:	dem (einem) Fischer	den (allen) Fischern	
Accusativ:	den (einen) Fischer	die (alle) Fischer	

Ein König.

Hier ist ein Mann. Was ist dieser Mann? Er ist ein König. Er regiert ein Land. Victoria regiert in England, sie ist Königin von England. Kaiser Wilhelm regiert in Deutschland. Wer regiert in Amerika? Der Präsident regiert in Amerika; er ist kein König, er ist unser Präsident.

Sehen Sie den König? Ja, ich sehe den König. Er sitzt auf einem Thron. Das Wort auf ist eine Präposition (= ein Verhältnißwort) und regiert den Dativ oder den Accusativ. Hier regiert es den Dativ.† Wo sitzt der König? Er sitzt auf einem Thron. Sitzen Sie auf einem Thron? Nein, ich bin kein König, ich sitze auf einem Stuhl. Was ist ein Stuhl?

Ein Stuhl.

Hier ist ein Stuhl. Ein Stuhl ist ein Sitz (= Platz) für eine Person. Eine Person sitzt auf einem Stuhl. Wollen (= Wünschen) Sie einen Stuhl? Nein, ich danke, ich will nicht sitzen, ich wünsche (= will) keinen (= nicht einen) Stuhl.

* Siehe Seite 28, Lect. 10. † Siehe Seite 52.

Ein Sopha.

Was ist das? Das ist ein Sopha. Das Wort Sopha ist sächlich: **das** Sopha. Wir sitzen auf ein**em** Sopha, und Sie sitzen auf ein**em** Stuhl. Wollen Sie ein**en** Stuhl haben,* oder wünschen Sie auf **dem** Sopha zu sitzen? Nein, ich danke, ich wünsche nicht zu sitzen, ich will stehen.

Ein Hund.　　Ein Mann.　　Ein Knabe.

Hier ist ein Mann, ein Knabe und ein Hund. Der Mann und der Knabe sitzen. Der Hund sitzt auch. Sind sie alle drei (3) groß? Nein, sie sind nicht alle drei groß. Der Mann ist groß; der Kna= be ist klein; der Hund ist kleiner.

Klein ist ein Adjectiv oder Eigenschaftswort. Der Positiv ist **klein**; der Comparativ ist kleiner; der Superlativ ist klein(e)**st** oder **am kleinsten.**† Wer ist kleiner als der Mann, der Hund oder der Knabe? Der Knabe ist kleiner als der Mann, und der Hund ist kleiner als der Knabe. Johann, bist du kleiner als Alfred? Ja, Herr Ochs, ich bin kleiner als Alfred; aber Joseph ist kleiner als ich; er ist am kleinsten. Wilhelm, ist das dein Hund? Nein, das ist nicht mein Hund, das ist Josephs Hund. Ist Josephs Hund kleiner als Karls Hund? Karl hat keinen Hund. Hat Gustav keinen Hund? O ja! Gustav hat einen Hund; aber er ist jung und klein. Er ist so klein wie eine Katze.

* Siehe Seite 17. Note *.　　† Siehe Seite 50. Note *.

Eine Katze.

Was ist eine Katze? Hier ist eine Katze; die Katze miaut. Miaut der Hund? Nein, der Hund bellt, und die Katze miaut. Miaut oder bellt der Mensch? Der Mensch (= Mann) spricht.* Heinrich, sprichst du englisch? Ja, ich spreche englisch und deutsch. Wir sprechen deutsch in dieser Klasse. Können Sie nicht deutsch sprechen, Herr Müller? O ja! ich kann deutsch sprechen, und meine Frau will deutsch sprechen lernen.

Lection 5 (Fünf).

Conjugation des Präsens von nennen‡ (= heißen)‡.

Einzahl	Person 1.	ich nenne (= heiße)	heiße ich?
	" 2.	du nennst (= heißest)	heißest du?
	" 3.	er (sie, es) nennt (= heißt)	heißt er (sie, es)?
Mehrzahl	" 1.	wir nennen (= heißen)	heißen wir?
	" 2.	ihr nenn(e)t (= heiß(e)t)	heiß(e)t ihr?
	" 2.	Sie nennen (= heißen)	heißen Sie?
	" 3.	sie nennen (= heißen)	heißen sie?

Ein Kind.

Ist ein Knabe ein Mensch? O ja! ein Mensch kann ein Mann, ein Knabe, ein Mädchen, ein Fräulein, eine Frau, oder ein Kind sein. Ich verstehe das Wort Kind nicht. Hier ist ein Kind. Das Kind ist sehr jung und sehr klein. Es kann noch nicht sprechen, es ist zu jung. Hat dieses Kind einen Namen?§ Ja, sein Namen ist Jakob.

Alle Menschen‖ haben Namen.

---

* Siehe Seite 58, Note *. † Siehe Seite 24. ‡ (Infinitiv) nennen, (Imperfectum) nannte, (Participium) genannt; heißen, hieß, geheißen. § Siehe Seite 28. ‖ Siehe Seite 47, Lect. 15. und Seite 33.

Hat deine Katze nicht auch einen Namen? Ja, ich **nenne**
(= heiße) meine Katze M i e s. Aber die Katze ist kein Mensch!
O nein! die Katze ist ein Thier, ein Hausthier. Das Haus=
thier hat auch einen Namen. Wie nennt Gustav seinen Hund?
Er nennt seinen Hund Bello. Wie heißen Sie, mein Herr?
Ich heiße Wilhelm Müller. Wie heißt das Kind des Fischers?
Es heißt Clara. Ist das Kind nicht ein Knabe? O nein!
das Kind des Fischers ist ein Mädchen. Wie heißt Alfreds
Hund? Er heißt Sultan.

Ist Alfreds Hund groß? Ja, er ist **größer** als dein Hund.
Was! Alfreds Hund ist größer als mein Hund? Ja, er ist
größer als dein Hund; aber er ist nicht so groß als Wilhelms
Hund. Hat Wilhelm auch einen Hund? Ja, er hat auch einen
Hund, und er ist **am größten.** Johann, wer ist größer, du, oder
Wilhelm? Wilhelm ist größer als ich; aber er ist nicht so
alt als ich; er ist **jünger.** Kannst du sehen, Johanna, bin ich
kleiner oder größer als dieser Knabe? Du bist größer, aber
auch **älter** als er.

Was ist das hier? Das ist ein
Boot. Wo ist das Boot? Das
Boot ist im (= in dem) Wasser.
Sind Fischer in dem Boot? Ja,
drei Fischer sind in dem Boot. Hat
das Boot ein Segel? Ja, das Boot
hat ein Segel. Hat es nur e i n
Segel? Nein, es hat drei Segel.
Sind alle drei Segel gleich groß?
Nein, sie sind nicht gleich groß. E i n
Segel ist groß, und zwei Segel sind

Ein Boot mit Segel; ein Netz im
Wasser.

klein. Sind die Segel im Wasser? Nein, das Boot und das
Netz sind im Wasser.

Hat der Fischer ein Boot? Ja, der Fischer hat ein Boot;
es ist ein Segelboot. Hat die Frau des Fischers auch ein
Segelboot? Nein, die Fischerin hat kein Boot, das ist das
Segelboot des Fischers. Haben die Fischer ein Netz im Wasser?

Das ist das Netz der Fischer. Was wollen die Fischer mit dem Netz im Wasser? Sie wollen **Fische fangen** (= fischen).* Was ist das Wort f a n g e n? Wir wollen sehen, was es ist.

Eine Ratte.

Was ist das hier? Das ist eine Ratte. Nun, kannst du die Katze sprin= gen sehen? O ja! ich sehe sie springen. Sie will eine Ratte oder eine Maus fangen. Sind Ratten in diesem Haus? O nein! wir haben eine Katze, und sie fängt alle Ratten.

Eine Katze springt, eine Ratte zu fangen.

Lection 6 (Sechs).

Declination Zwei.†

	Einzahl		Mehrzahl
Nom. der (kein) Knabe		die (keine) Knaben	
Gen. des (keines) Knaben		der (keiner) Knaben	
Dat. dem (keinem) Knaben		den (keinen) Knaben	
Acc. den (keinen) Knaben		die (keine) Knaben	

Ein Schulhaus und sechs (6) Knaben.

Wir sehen hier Knaben. Sehen wir 2 (zwei) Knaben, oder mehr? O, wir sehen mehr als zwei, mehr als drei, mehr als vier, und mehr als fünf Knaben.

* Der Infinitiv steht am Ende. Siehe Seite 54 Note ¶. † Siehe Seite 33.

Nun, können Sie nicht mehr als fünf zählen? Nein, ich weiß nicht, was fünf und eins ist. 5 + 1 ist sechs : **nach** (= hinter) fünf kommt sechs. Verstehen Sie, was sechs ist? O ja! ich verstehe sehr gut, was sechs ist. Also zählen Sie! Eins (1), zwei (2), drei (3), vier (4), fünf (5), sechs (6)! Wie viel? Sechs! Sechs was? Sechs Knaben.

Da oben ist ein Haus. Es ist ein Schulhaus. Verstehen Sie das? O ja! ich verstehe das sehr gut. Nun, was ist ein Schulhaus? Ein Haus, in welchem eine Schule ist. Sehr gut, sehr gut, bravo! Sind die Knaben nicht Schulknaben? Natürlich sind die Knaben Schulknaben. Wie viel Schul-knaben sehen Sie? Ich sehe sechs Schulknaben. Zählen Sie **noch einmal!** Eins, zwei, drei, vier, fünf, sechs; also sechs Schulknaben. Stehen alle sechs Knaben? Nein, drei Knaben sitzen, zwei Knaben stehen, und ein Knabe kniet (ist auf einem Knie).

Was thun die Knaben, lernen sie eine Lection? Nein, sie lernen keine Lection, sie sind nicht in der* Schule. Nun, was thun sie? Sie spielen. Spielen sie Ball? Nein, sie spielen Marbel (= Marmel). Karl, willst du Ball spielen? O nein! ich will meine Lection lernen; ich will Deutsch verstehen lernen. Warum stehen Sie auf, Johann? Die Lection ist zu Ende. O nein! wir haben noch viel mehr zu lernen. Ist die Lection nicht sehr lang? Ja, wir wollen mehr, noch mehr lernen. Also alle Ohren und Augen auf!

Wie viel Knaben hat diese Klasse? Ich **weißt**† es nicht, ich kann nicht alle zählen. Was kommt nach sechs? Nach sechs kommt sieben (7). Und wie viel ist sieben und eins? Das weiß ich; sieben und eins ist acht (8). Und wie viel ist acht und eins? Acht und eins ist neun (9). Und neun und eins? Neun und eins ist zehn (10). Ist zehn mehr als neun? Ja, zehn ist eins mehr als neun. Ist sechs mehr als neun? Nein, neun ist drei mehr als sechs. Wie viel ist (=

---

* Siehe Seite 24, vierte Decl.   † Das Präsens von wissen (Imperf. wußte, 2. Part. gewußt), ist: ich weiß, du weißt, er weiß, wir wissen, ihr wisset (oder wißt), Sie wissen, sie wissen.

macht) zwei und zwei? Zwei und zwei ist vier. Wie viel macht fünf und vier? Fünf und vier macht neun. Wie viel ist zweimal fünf? 2×5 ist 10.

Ich weiß nun (= Ich kann nun sagen), wie viel Knaben hier sind.* Unsere Klasse zählt zehn Knaben. Sind alle zehn Knaben Amerikaner? Nein, nur sechs Knaben sind Amerikaner, zwei sind Engländer, das macht acht Knaben. Und was sind die letzten zwei Knaben? Der **eine** (Knabe) ist ein Spanier, der **andere** ist ein Deutscher†.

Lection 7 (Sieben).

Declination des attributiven Eigenschaftswortes.‡

	Einzahl		Mehrzahl	
	Nom.	der kleine Finger	die kleinen Finger	
	Gen.	des kleinen Fingers	der kleinen Finger	
	Dat.	dem kleinen Finger	den kleinen Fingern	
	Acc.	den kleinen Finger	die kleinen Finger	

Ein Arm und eine Hand.

Hier ist ein Arm und eine Hand. Das Wort Arm ist männlich: **der** Arm. Das Wort Hand ist weiblich: **die** Hand. Eine Hand hat fünf Finger. Der Daumen ist Finger eins, oder der **erste**§ Finger. Der Zeigefinger ist Finger zwei, oder der **zweite** Finger. Der Mittelfinger ist Finger drei, oder der **dritte** Finger. Der Ringfinger ist Finger vier, oder der **vierte** Finger. Der kleine Finger ist Finger fünf, oder der **fünfte** Finger. Also wie viel Finger hat eine Hand? Eine Hand hat fünf Finger. Hier ist ein Bein und ein Fuß.

Ein Bein und ein Fuß.

---

* Das Zeitwort steht am Ende hier. Siehe Seite 43, Note §. † Siehe Seite 53, Note ‖. ‡ Siehe Seite 33. § Siehe Seite 38.

Hat ein Fuß auch fünf Finger? O nein! ein Fuß hat fünf
Zehen. Das Wort Bein ist sächlich: **das** Bein. Das
Wort Fuß ist männlich: **der** Fuß. Das Wort Zehe ist
weiblich: **die** Zehe. Die erste Zehe ist nicht der Daumen,
es ist **die große* Zehe.**

Der kleine Finger.
Der Ringfinger.
Der Mittelfinger.
Der Zeigefinger.
Der Daumen.

Wo ist der Zeige=
finger? Der Zeige=
finger kommt **nach**
dem Daumen und
vor† dem Mittel=
finger; also der
Zeigefinger ist **ne=**

ben† dem Daumen und **neben** dem Mittelfinger. Neben
welchem Finger ist der Daumen? Der Daumen ist neben dem
Zeigefinger. Neben welchem Finger ist der kleine Finger?
Der kleine Finger ist neben dem Ringfinger. Wo ist der Ring=
finger? Der Ringfinger ist neben (oder **zwischen**) dem
Mittelfinger und dem kleinen Finger. Neben welchen Fingern
ist der Zeigefinger? Der Zeigefinger ist neben dem Daumen
und neben dem Mittelfinger. Ist der Mittelfinger zwischen
(oder neben) dem Daumen und dem Ringfinger? Nein, der
Mittelfinger ist zwischen dem Zeigefinger und dem Ringfinger.
Zwischen welchen Fingern ist der Ringfinger? Der Ringfinger
ist zwischen dem Mittelfinger und dem kleinen Finger. Welcher
Finger ist der erste? Der Daumen ist der erste, und der kleine
oder der fünfte Finger ist der **letzte.** Ich verstehe das Wort
l e t z t e nicht. Nach dem fünften Finger kommt kein Finger
mehr; also ist der fünfte der **letzte** Finger: Eine Hand hat
nur fünf Finger.

Der Mittelfinger ist l a n g, der Daumen ist k u r z und dick.
Was ist k u r z? Kurz ist nicht l a n g; lang ist das
Gegentheil von kurz; klein ist das Gegentheil von
groß; dick ist das Gegentheil von dünn; hier ist das

---

* Siehe Seite 33.   † Siehe Seite 52.

Gegentheil von da; alt ist das Gegentheil von neu und auch von jung. Ein Haus ist neu oder alt; ein Mensch ist jung oder alt. Das Gegentheil von viel ist wenig. Ist sechs mehr als neun? Nein, 6 ist 3 weniger als 9. Ist der Daumen kürzer als der kleine Finger? Ja, der Daumen ist nicht so lang als der kleine Finger. Ist der Ringfinger länger als der kleine Finger? Der Ringfinger ist länger als der kleine Finger und kürzer als der Mittelfinger. Der längste Finger ist der Mittelfinger. Welches ist der dünnste Finger? Der fünfte Finger ist der dünnste.

Lection 8 (Acht).

Die dritte Declination.*

		Einzahl.		Mehrzahl.
Nom.	das (ein) Bein	bie (meine) Beine
Gen.	des (eines) Beines	der (meiner) Beine
Dat.	dem (einem) Beine	ben (meinen) Beinen
Acc.	das (ein) Bein	die (meine) Beine

Ein Knabe auf einem Baum.

Wir sehen hier fünf Bäume. Auf einem dieser Bäume ist ein Knabe. Der Knabe ist auf dem ersten und dicksten Baum. Was für ein Baum ist das? Dieser Baum ist ein Apfelbaum. Sind viele Aepfel† an diesem Baum? O ja! viele, sehr viele. Sind alle diese fünf Bäume Fruchtbäume? Ja, alle fünf Bäume sind

* Siehe Seite 38, Lect. 13. † Das Wort Apfel hat den Umlaut (Ae für A) in der Mehrzahl. Siehe Seite 28.

Fruchtbäume. Sind diese Fruchtbäume in einem Garten? Ja, in einem Fruchtgarten, oder besser in einem Obstgarten.

Haben Sie einen Garten? Ja, mein Herr, ich habe einen großen Garten. Ist Ihr Garten vor dem Hause oder hinter dem Hause? Ich habe einen kleinen Garten vor dem Hause und einen größeren Garten hinter dem Hause. Der kleine Garten ist ein Blumengarten. Verstehen Sie das Wort Blumen? Ich verstehe es nicht sehr gut. Wissen Sie, was eine Rose ist? O ja! ich weiß das sehr gut. Nun, die Rose ist eine Blume. Ach so! die Rose ist am Rosenbusch im Garten und blüht im Monat Juni? Ja, so ist es. Die Rosen blühen im Juni und im Juli.

Blühen die Apfelbäume auch im Monat Juni? Nein, die Obst(Frucht)bäume blühen im April und im Mai. Ist es nicht zu kalt im April für die jungen Blüthen? Ja, im Norden, aber nicht im Süden. Wir haben Sommer im Monat Mai. Was! Sommer im Mai? Ja, unser Winter ist nicht lang; wir haben Frühling im Februar und Sommer im Mai.

Wann ist Frühling? Vor dem Frühling kommt der Winter. Nach dem Frühling kommt der Sommer. Vor dem Winter kommt der Herbst. Nach dem Winter kommt der Frühling wieder. Der Januar ist der kälteste Monat, der Juli ist der wärmste Monat. Wissen Sie die Namen der Monate? O ja! sehr gut. Ich will sie nennen: der Januar, der Februar, der März, der April, der Mai, der Juni, der Juli, der August, der September, der October, der November, der December. Also wie viel Monate haben wir? Das Jahr hat zwölf Monate. Wie viel ist zwölf? Zehn und eins ist elf; 10 und 2 ist zwölf. Welches sind die kalten Monate in Deutschland? Der December, der Januar und der Februar. Ist der März schon warm? Nein, der März ist noch kalt, und der April ist auch noch kalt; aber beide sind nicht sehr kalt. Es ist sehr warm in Afrika im April, nicht wahr (= so)? O ja! es ist mehr als warm, es ist heiß in Afrika im Januar.

Ein Globus.

Hier ist ein Globus. Der Globus ist rund. Ein Ring ist rund. Ein Ball ist rund. Hast du einen Ring? Ich habe zwei Ringe. Hast du beide Ringe an dem (= am) Ringfinger? Nein, ich habe einen Ring an dem Ringfinger, und den anderen am Mittelfinger. Warum hast du diesen Ring nicht am kleinen Finger? Der Ring ist zu groß (= weit) für den kleinen Finger. Ach so! der fünfte Finger ist zu klein (oder zu dünn) für diesen großen (= weiten) Ring.

Willst du Ball spielen? Nein, ich danke, ich will nicht spielen; ich habe meine Lection zu lernen. Was hast du denn zu lernen? Ich habe meine deutsche Lection zu lernen. Ist die Lection lang? Ja, sie ist sehr lang; ich habe sehr viel zu lernen. Willst du deutsch sprechen lernen? O, ich spreche schon deutsch; wir sprechen nicht englisch in der deutschen Klasse.

Was sehen wir auf dem Globus? Wir sehen Land und Wasser, das ist die Erde. Ist die Erde nicht ein Ball? O ja! die Erde ist rund wie ein Ball oder ein Apfel. Welches Land können wir auf diesem Globus sehen? Wir können Amerika sehen; Nord- und Südamerika. Wo sind wir? Wir sind (= leben) in Nordamerika. Wir leben (= wohnen) in New York. Ist New York eine Stadt oder ein Staat? New York ist eine Stadt im Staate New York. Brooklyn ist auch eine Stadt im Staate New York. Philadelphia ist eine Stadt im Staate Pennsylvanien. Boston ist eine Stadt im Staate Massachusetts. Berlin ist eine Stadt in Deutschland. London ist eine Stadt in England. Gehen Sie diesen Winter nach Berlin? Ja, ich gehe im Februar oder im März nach Berlin. Ist Berlin in Sachsen? Nein, Berlin ist in Preußen, und Preußen in Deutschland. Und wo ist Brüssel? In Belgien. Ist Köln in Belgien? Nein, Köln ist eine große Stadt in Preußen.

Lection 9 (Neun).

Die vierte Declination.*

	Ein einsilbiges Hauptwort.		Ein zweisilbiges Hauptwort.
Nom.	die (eine) Stadt	die Städte	diese Blume	welche Blumen
Gen.	der (einer) Stadt	der Städte	dieser Blume	welcher Blumen
Dat.	der (einer) Stadt	den Städten	dieser Blume	welchen Blumen
Acc.	die (eine) Stadt	die Städte	diese Blume	welche Blumen

Knaben auf Stelzen in der Straße.

Hier sind fünf Knaben. Sind diese Knaben im Hause? O nein! sie sind vor dem Hause, auf (= in) der Straße. Was ist der Namen dieser Straße? Ist es die 5te Avenue in der Stadt New York? O nein! Es ist die große Blumenstraße in der Stadt Berlin. Sind das deutsche Knaben? Ja, das sind Berliner† Knaben. Bist du ein Berliner, Jakob? Ja, mein Herr, ich bin ein Berliner. Und du, Johann? Ich bin ein New Yorker. Ach, so! du bist ein Amerikaner? Ja, ich bin ein Amerikaner; aber Johanna ist eine Deutsche; sie ist eine Berlinerin.‡

Was thun diese Knaben auf der Straße? Sie lernen auf Stelzen gehen. Haben diese Knaben ihre Stelzen in der rechten oder in der linken Hand? Sie haben (= halten) eine Stelze

---

* Siehe Seite 41 bis 42. † Städtenamen bilden Eigenschaftswörter mit der Endung er für das männliche, weibliche und sächliche Geschlecht. ‡ Die Endung in steht für eine weibliche Person nach der Endung er, also die Berlinerin.

in der rechten und e i n e in der linken Hand. Sie hatten in
j e d e r Hand eine Stelze. Geht jeder dieser fünf Knaben auf
Stelzen? Nein, nur vier haben Stelzen. Aber nicht alle vier
Knaben gehen auf ihren Stelzen. Nein, nur drei gehen; der
vierte sitzt auf dem Stein neben der Steintreppe.

Was ist eine T r e p p e? Ein Haus hat eine Treppe. Wir
gehen von unten nach oben, oder von oben nach unten, auf der
Treppe. Eine Treppe hat S t u f e n.
Hier ist eine Haustreppe. Wir sind
im Hause und wollen von unten nach
oben gehen. Wir setzen den rechten
Fuß vor und ziehen dann den linken
Fuß nach, und so gehen (= steigen)
wir* von Stufe zu Stufe, bis wir
oben sind. Die Treppe hat ein G e =
l ä n d e r; wir legen die rechte Hand
an das Treppengeländer und halten
uns† so fest, daß wir nicht fallen.

Eine Haustreppe.

Gehen Sie auf Stelzen, Herr Bär?
Nein, mein Herr, ich gehe auf meinen
Füßen (oder besser **zu Fuß**). Meine Füße sind (mir‡) gut
genug. Das Wort g e n u g ist mir
neu. Wir haben das englische Wort
enough von g e n u g. Dieses Ad=
verb (Umstandswort) kommt von dem
Verbum (= Zeitwort) g e n ü g e n
(= genug sein).

Hier ist eine Thür (oder Thüre).
Dieses ist eine Hausthür. Alle
Häuser§ haben Thüren. Wir finden
Thüren in allen modernen Häusern.
Ist diese Thür offen? Sie ist zu.

Eine Thür.

* Nach s o steht das Prädicat **vor** dem Subject. Siehe Seite 52, Note *.
† Accus. von w i r. Siehe Seite 26, Lection 10. ‡ Dat. von i ch. § Haus hat
die Endung er in der Mehrzahl. Siehe Seite 39, Note ‡.

Wir machen die Thür auf, wenn wir in das Haus gehen wollen. Wo diese Thür ist, ist der **Eingang*** des Hauses, *i. e.* (= das heißt), wir gehen hier in das Haus (hin)ein.†

Wir sagen: wir gehen **hin** a u f, wenn wir auf der Treppe nach oben gehen. Wir sagen: wir gehen **hin** u n t e r, oder **hin** a b, wenn wir von oben nach unten gehen. Wir gehen **hin** e i n, wenn wir in das Haus gehen. Wir gehen **hin**= a u s, wenn wir aus dem Hause auf die Straße gehen.‡

Wir sitzen im Sommer oft vor der Hausthür; es ist so warm (= heiß) im Hause, und so kühl (besser als kalt) auf der Straße. Wir sagen: es ist s c h w ü l, wenn es sehr warm ist. Ist es hier schwül? O nein! es ist recht kühl, kühl genug; aber wir wollen vor die Hausthür gehen, wenn Sie es hier zu warm (schwül) finden. Bitte, wollen Sie nicht auf einem Stuhl sitzen? Ach nein, ich danke, ich will auf der Steintreppe sitzen.

Lection 10 (Zehn).

Declination des persönlichen Fürwortes.

	1. Person.	2. Person.		1. Person.	2. Person.	
		Einzahl.			Mehrzahl.	
Nom.	ich	du	(Sie) ǀ	wir	ihr	(Sie) ‖
Gen.	meiner	deiner	(Ihrer)	unser	euer	(Ihrer)
Dat.	mir	dir	(Ihnen)	uns	euch	(Ihnen)
Acc.	mich	dich	(Sie) ¶	uns	euch	(Sie) ¶

3. Person.

					Einzahl.		Mehrzahl.
Nom.	er männlich	sie weiblich	es sächlich			sie	
Gen.	seiner	ihrer	seiner			ihrer	
Dat.	ihm	ihr	ihm			ihnen	
Acc.	ihn	sie ¶	es ¶			sie ¶	

---

* **Eingang** kommt von (Inf.) g e h e n, (Imperf.) g i n g, (2. Partic.) ge= g a n g e n. Siehe Seite 49, Note †. † **Hin** steht für v o n u n s w e g; her für n a c h u n s z u; z. B.: Gehe hin, komme her! ‡ Siehe Seite 43, Note §. ‖ Wir sagen im Deutschen **du** zu einem Kinde und zu einem intimen Freunde, aber wir sagen **Sie** zu allen anderen Personen. ¶ Der Accusativ des weiblichen und sächlichen Geschlechtes in der Einzahl und der Acc. der Mehrzahl ist wie der Nominativ.

Ein Glas Waſſer.

Hier iſt ein Glas. Dieſes Glas iſt rund. In dieſem Glas iſt Waſſer. Trinken Sie Waſſer oder Bier? Ich trinke nur Waſſer; ich trinke kein Bier. Wünſchen Sie ein Glas Waſſer?* Nein, ich danke Ihnen, ich **habe** keinen **Durſt.**† Haben Sie Durſt, Herr Wolf? Ja, Karl, ich habe großen Durſt; bitte, geben Sie mir‡ ein Glas Waſſer! Wünſchen Sie Eiswaſſer? Ja, wenn Sie es haben; es iſt mir ſehr heiß.

In dem Glas Waſſer hier iſt ein L ö f f e l. Iſt das ein T h e e = l ö f f e l? Nein, das iſt ein S u p = penlöffel (oder ein E ß l ö f f e l). Der Theelöffel iſt kleiner als der Suppenlöffel. Dieſer Löffel iſt zu groß für einen Theelöffel. Iſt dieſer Suppenlöffel von Silber oder von Gold? Er iſt von Silber. Haſt du keinen Theelöffel, Johanna? Ja, ich habe ein Dutzend Theelöffel. Wie viel iſt ein D u t z e n d? Zwölf. Z w ö l f S t ü c k§ v o n e i n e m D i n g e m a c h e n e i n D u t z e n d. Sechs Stück ſind ein halb(es) Dutzend. Zwei Stück (von einem Dinge) machen ein P a a r. Ich habe ein Paar neue Stelzen.

Wo iſt das Glas Waſſer? In der Hand einer Perſon. Dieſe Perſon hält‖ das Glas mit¶ den erſten drei Fingern. Können Sie ein Glas mit drei Fingern halten? Ich kann es mit zwei Fingern halten, aber nicht ſo feſt als mit d r e i e n.

---

* W a ſ ſ e r ſteht hier in Appoſition mit G l a s. † Das Zeitwort h a b e n ſteht mit D u r ſ t. Wir können auch ſagen: ich b i n b u r ſ t i g, e s b u r ſ t e t m i c h oder m i c h b u r ſ t e t. ‡ Hier ſtehen zwei Objecte, das indirecte (m i r) im Dativ, das directe (G l a s) im Accuſativ. Siehe Seite 12. § Das Wort S t ü c k ſteht hier in der Einzahl, weil es eine Quantität iſt. Siehe Seite 46, Note *. ‖ Das Präſens von h a l t e n iſt: ich halte, du hälſt, er hält, wir halten, ihr haltet, Sie halten, ſie halten. ¶ mit regiert den Dativ. Siehe Seite 54, Note ‡.

Das Zahlwort d r e i hat hier die Endung **en** (das ist die Endung der zweiten Declination im Dativ der Mehrzahl).

Wie viel Declinationen haben wir zu lernen? Wir haben nun alle Declinationen **gelernt.*** Wir haben nur vier Declinationen zu lernen. Kannst du gut decliniren? Ach nein! nicht sehr gut. Decliniren wir das Zeitwort? Nein, wir c o n j u g i r e n das Zeitwort, aber decliniren das Hauptwort.

Was ist ein Hauptwort? Ein H a u p t w o r t ist d e r N a m e n e i n e s D i n g e s o d e r e i n e r P e r s o n. Das Wort L ö f f e l ist ein männliches Hauptwort. Es ist ein Hauptwort der ersten Declination; denn die Regel sagt: A l l e m ä n n - l i c h e n u n d s ä c h l i c h e n H a u p t w ö r t e r m i t d e r E n d u n g **el, en, er, chen** und **lein** s i n d H a u p t - w ö r t e r d e r e r s t e n D e c l i n a t i o n. Das Wort F i s c h e r hat die Endung **er** und ist männlich; es ist also ein Hauptwort der ersten Declination. Was ist die Fallendung in der ersten Declination? Ich verstehe das Wort F a l l nicht. Der Nominativ ist ein Fall, der Genitiv ist ein Fall; wir haben vier Fälle in der Einzahl und vier in der Mehrzahl für die Declination eines Hauptwortes. Nun, was ist die Fallendung der ersten Declination? Die Fallendung der ersten Declination ist ein **s** im Genitiv der Einzahl und ein **n** im Dativ der Mehrzahl. Ist nicht **n** die Fallendung aller Hauptwörter im Dativ der Mehrzahl? Ja, in allen Declinationen.

D i e m e i s t e n H a u p t w ö r t e r d e r e r s t e n D e c l i n a - t i o n h a b e n d e n U m l a u t i n d e r M e h r z a h l. Was ist m e i s t? Der Superlativ von v i e l. Der Comparativ ist m e h r. Und was ist ein U m l a u t? Die drei Vocale **A, O, U** haben einen Laut (= Ton) mit **e**; also **Ae, Oe, Ue** machen einen Laut. Wenn **a, o, u** klein sind, setzen wir zwei kleine Striche über den Vocal, so: **ä, ö, ü,** und das heißt dem Vocal den U m l a u t (= einen a n d e r e n Laut) geben. Ich verstehe jetzt (= nun) die erste Declination viel (= weit) besser.†

---

* G e l e r n t ist das zweite Participium. Siehe Seite 35, u. 49. † Comparativ von g u t, b e s s e r, b e s t. Siehe Seite 50, Note *.

Lection 11 (Elf).

Ein deutscher Schulmeister.

Hier ist ein deutscher* Schulmeister. Was hat er auf der
(= seiner) Nase? Er hat eine
Brille auf der Nase. Er kann
nicht gut sehen, seine Augen sind
schwach. Sind deine Augen
schwach, Julius? O nein! ich
habe starke Augen und will keine
Brille haben.

Was hat der Schulmeister in der
linken Hand?
Er hat eine
Feder in der
linken Hand.
Diese Feder ist
eine Gänsefeder.
Die Gans ist

Eine Gans.

ein großer Vogel. Ein Vogel hat Flügel. Wie viel Flügel?
Zwei Flügel. Ein Mensch hat zwei Hände und zwei Füße.
Ein Vogel hat zwei Füße und zwei Flügel. Er geht mit den
Füßen auf der Erde. Was thut er mit den Flügeln? Er
fliegt mit den Flügeln in der Luft.

Verschiedene (Allerlei) Vögel.

Hier sind Vögel. Der Vogel oben,
der oberste Vogel, ist ein Adler. Der
zur linken Seite, auf dem Baume, ist
ein Sperling. Dieser Vogel kommt
von Europa und Asien zu uns. Die
englischen Sperlinge sind jetzt hier
acclimatisirt. Der große Vogel unter
dem Sperling, und auch auf der linken
Seite, ist ein Storch. Er hat lange
Beine und einen langen Hals. Der

* Das Eigenschaftswort hat hier die Endung er. Siehe Seite 53, Note ‖.

Hals iſt hier halbrund. Der Storch ſteht im Waſſer. Auf
der anderen Seite, das heißt, auf der rechten Seite, ihm
gegenüber (= vis-à-vis) ſteht ein Kiferifi. Wie nennen Sie
dieſen Vogel auf Deutſch? Wir nennen ihn H a h n. Der
Hahn iſt ein Hausvogel. Der zur rechten Seite oben iſt ein
Pfau. Dieſer Vogel hat Federn von vielen Farben.

Was iſt eine Farbe? Roth iſt eine Farbe. Schwarz iſt
auch eine Farbe. Die Farbe eines Mohren (Negers) iſt

Ein Indianer.

Ein Neger.

Ein Chineſe.

ſchwarz. Der Indianer iſt roth, kupferroth. Was iſt Kupfer?
Das Kupfer iſt ein Metall. Das Gold iſt ein Metall. Das
Silber und das Eiſen ſind auch Metalle. Das Silber iſt weiß.
Das Papier iſt weiß. Der Europäer iſt weiß. Das Gold iſt
gelb. Der Chineſe iſt auch gelb. Das Gras iſt grün. Meine
Augen ſind ſchwarz. Deine Augen ſind braun.

Ein Hut.

Der Hut iſt ſchwarz und rund.
Haben Sie einen ſchwarzen Hut?
Nein, ich habe einen weißen Hut
für den Frühling, und einen
gelben Strohhut für den Sommer. Hat
Karl auch einen Strohhut? Nein, Karl

Eine Mütze.

Ein Rad.

hat keinen Hut; er hat eine Mütze oder eine Kappe.
Die Mütze iſt rund, und das Rad iſt auch rund.
Der Pfau hat auch einen langen Hals,
aber ſein Hals iſt nicht ſo lang, wie der
Hals des Storches. Der Adler heißt der
König der Vögel; aber der Pfau hat, was der Adler
nicht hat. Und was iſt das? Der Pfau hat einen

Ein Pfau.

Schwanz von vielen, vielen Farben. Ja, das ist wahr. Die Federn seines Schwanzes sind **vielfarbig**. Vielfarbig ist **bunt**. Dieser vielfarbige (oder **bunte**) Schwanz des Pfaues hat die Form (= Gestalt) eines Rades.

Messer und Feder-messer.

Was thut der Schulmeister (= Lehrer) mit der Feder? Er schneidet sie mit einem Messer, mit einem Federmesser. Wollen Sie mir eine Gänsefeder schneiden? Ja, wenn Sie mir eine Gänsefeder bringen; ich habe keine. Ich will sie Ihnen in die Schule bringen. Haben Sie ein Federmesser? Nein, bringen Sie auch das Federmesser! Ist das Messer von Eisen oder von Silber? Es ist nicht von Silber, auch nicht von Eisen, es ist von Stahl. Ist der Stahl auch ein Metall? Wir machen den Stahl aus Eisen; der Stahl ist hartes, gehärtetes Eisen.

Was thun wir mit der Feder? Wir schreiben mit der Feder. Schreiben Sie mit einer Gänsefeder oder mit einer Stahlfeder? Ich schreibe oft mit einer Gänsefeder, aber am öftesten mit einer Stahlfeder. Können Sie gut deutsch schreiben? Nein, noch nicht sehr gut. Ich schreibe in jeder Lection eine halbe Seite, und mein Lehrer sagt, ich schreibe gut.

Ein Tisch.

Wo steht der Schulmeister? Er steht vor dem Tisch. Hinter ihm steht ein Knabe, und auf seiner rechten Seite steht auch ein Knabe. Der erste (= vorderste) und größte von ihnen hat ein A=B=C=Buch in der Hand. Was will er mit dem Buch? Er will die Buch=staben lernen und dann lesen lernen. Ich verstehe nicht, was Buchstaben sind. Buchstaben sind das A=B=C. Der erste Buchstabe des deutschen Alphabetes ist **A**; der zweite ist **B**; der letzte ist **Z**. Wie viel Buchstaben hat das deutsche Alphabet? Es hat sechsundzwanzig (26) Buchstaben. Kannst du so weit zählen? Nein, ich kann nur bis zwölf zählen. Wir wollen das in der (nächsten) zwölften Lection lernen.

Kann dieser große Knabe noch nicht lesen? Ja, er kann englisch lesen, aber deutsch nicht. Es ist seine erste Lection,

und er kann nicht leſen, bevor (= ehe) er die Buchſtaben weiß*.
Jakob, kannſt du deutſch leſen? Ja, ich kann deutſch leſen,
und auch deutſch ſchreiben und ſprechen. Ich bin am Ende der
elften Lection.

Lection 12 (Zwölf).

Das Imperfectum (Die Vergangenheit) der Hülfszeitwörter† h a b e n
und ſ e i n und eines regelmäßigen‡ Zeitwortes.

ich hatte	ich war	ich lernte§	lernte ich?
du hatteſt	du warſt	du lernteſt	lernteſt du?
er (ſie, es) hatte	er war	er lernte	lernte er?
wir hatten	wir waren	wir lernten	lernten wir?
ihr hattet	ihr waret	ihr lerntet	lerntet ihr?
Sie hatten	Sie waren	Sie lernten	lernten Sie?
ſie hatten	ſie waren	ſie lernten	lernten ſie?

Eine Meeresküſte bei Sonnenuntergang.

Wir ſind hier an der Küſte
des Oceans (= des Meeres).
Aber was iſt eine Küſte?
Wiſſen Sie nicht, was ein
Fluß iſt? O ja! Der Rhein
iſt ein deutſcher Fluß; der
Hudſon iſt ein amerikaniſcher
Fluß. Ein Fluß hat zwei
Ufer; denn das Land iſt auf
jeder Seite des Fluſſes, auf
der linken und auf der rechten
Seite. Die Küſte iſt das Ufer
des Meeres, das Land am
Meere. Wir ſagen: das Ufer
eines Fluſſes und die Küſte eines Meeres.
Wir nennen die Küſte auch Strand.

---

* Siehe Seite 18, Note †, und 43, Note §. † Siehe Seite 38, Note §.
‡ Siehe Seite 46. § Siehe Seite 49, Note †.

Auf einem hohen Felsen steht eine Frau. O ja! ich sehe
sie da oben auf der linken Seite. Aber was ist ein Felsen?
Sie wissen, was ein Stein ist. Ein Diamant ist ein Stein;
es ist der härteste und kostbarste Stein. Ein Felsen ist eine große,
feste **Steinmasse**, ein großer **Steinklumpen**. Wir sagen,
wenn viele Menschen auf der Straße, vor einem Hause stehen:
da steht eine Masse Menschen, oder besser: eine Menschenmasse.
Was will die Menschenmasse? Sie will sehen, was zu sehen ist.

Was ist **h o h e n**? Es ist ein Eigenschaftswort und steht
hier als Attribut vor **F e l s e n**. **Hoch** ist die prä=
dicative Form. Wir sagen: der Baum ist **h o c h**; aber wir
sagen, wenn das Eigenschaftswort als Attribut steht: der **h o h e**
Baum, oder ein **hoher** Baum. **D a s a t t r i b u t i v e
E i g e n s c h a f t s w o r t m i t d e m b e s t i m m t e n A r t i k e l
h a t d i e F a l l e n d u n g (= I n f l e x i o n) d e r z w e i t e n
D e c l i n a t i o n.** Wir hatten das in der siebenten Lection.

Ich weiß nicht, was die Fallendung der zweiten Declination
ist. Wir hatten die zweite Declination in der sechsten Lection.
Aber wir hatten nicht die Regel für die zweite Declination, wir
hatten in der zehnten Lection die Regel für die erste Declination.
Nun, ich will Ihnen jetzt die Regel für die zweite Declination
geben. Hier ist sie: **A l l e m ä n n l i c h e n H a u p t w ö r t e r
m i t d e r E n d u n g e i m N o m i n a t i v h a b e n d i e
F a l l e n d u n g e n d e r z w e i t e n D e c l i n a t i o n. S i e
n e h m e n e i n n i n a l l e n a n d e r e n F ä l l e n d e r E i n=
z a h l u n d d e r M e h r z a h l.** Also die Fallendung ist **en** im
Genitiv, Dativ et cetera (= und so weiter).

Was ist **n e h m e n**? Sie wissen, was **b r i n g e n** und
was **g e b e n** ist? Nun, wir wollen sagen: Ich bringe ein Buch
mit mir in die Schule. Ich gebe Ihnen dieses Buch. Es
war mein. Ich hatte es. Wenn ich es Ihnen gebe, habe ich
es noch? Nein, Sie haben es dann nicht mehr, ich habe es.
Ich gebe Ihnen das Buch mit meiner Hand, das heißt, ich lege
das Buch in Ihre Hand, und so nehmen Sie es von (oder **a u s**)
meiner Hand in Ihre Hand.

Was mein ist, gehört mir. Dieses Buch war mein; es gehörte mir. Es gehört mir nicht mehr. Ich gab* es Ihnen, Sie nahmen† es, es gehört jetzt Ihnen. Was mein ist, ist mein eigen, ist mir eigen, oder ist mein Eigenthum. Das Buch gehört Ihnen, ist Ihr Eigenthum. Ist dieses Haus Ihr Eigenthum? Nein, es gehört dem deutschen Fischer, dem Herrn Brille aus Frankfurt am Main.

Aber wir vergessen‡ die Frau an der Meeresküste! Sie steht noch da. Die Sonne scheint noch, aber sie ist weit unten am Himmel im Westen; es ist Abend. Ich verstehe die Wörter Himmel und Abend nicht. Wissen Sie nicht, wo Gott ist? Ja, Gott ist .... Sie wollen sagen: Gott ist im Himmel. Die Sonne ist am Himmel. Der Mond und die Sterne sind am Himmel. Wir sind auf der Erde und unter dem Himmel. Die Engel sind im Himmel und auch die guten Menschen. Ach nein! nicht die guten Menschen; die Seelen dieser guten Menschen. Der Körper des Menschen (= Das, was wir von dem Menschen auf der Erde sehen,) ist sterblich; aber die Seele (= der Geist) des Menschen ist unsterblich. Gott ist ein Geist, und die Seele (= der Geist) des Menschen kommt von Gott und geht wieder zu Gott am Ende des Lebens auf der Erde (= Erdenlebens).

Aber Sie vergessen das Wort Abend. Ach nein! ich will es jetzt erklären (= klar§ machen). Sie wissen, was ein Jahr ist? O ja! ein Jahr hat zwölf Monate, und ich weiß die Namen der Monate; aber ich kann nicht auf Deutsch sagen, wie viel Tage ein Monat hat. Wir wollen das jetzt (= nun) lernen. 12 + 1 ist dreizehn, dann kommt vierzehn, fünfzehn, sechzehn, siebenzehn oder siebzehn, achtzehn, neun-

---

* Das Imperfectum von geben, gab, gegeben. Siehe Seite 36, Note *.
† Das Imperfectum von nehmen, nahm, genommen. Siehe Seite 36, Note †.
‡ Wir vergessen oft, was wir nicht gut lernen. Wir behalten und wissen, was wir gut lernen. Wir vergessen unser Buch und haben es nicht in der Klasse; wir haben es zu Hause gelassen. Wir vergessen oft, was wir gesagt haben, und sprechen unklar (= nicht klar). § Das Glas ist klar.

zehn und dann **zwanzig.** Also, wir können bis zwanzig zählen. Ja, bis 20. Dann kommt einundzwanzig, und so weiter bis neunundzwanzig, und dann dreißig, vierzig, fünfzig, sechzig, siebenzig oder siebzig, achtzig, neunzig, **hundert** oder einhundert.

Also wie viel Tage hat ein Monat? Dreißig oder einunddreißig Tage? Der Monat Januar hat einunddreißig Tage. Aber der Monat Februar hat nicht einunddreißig Tage? Nein, der Februar hat achtundzwanzig Tage; aber er hat alle vier Jahre (jedes vierte Jahr), im Schaltjahre, neunundzwanzig Tage. Der März hat 31, der April hat 30 Tage, und so weiter (= fort), und so weiter. Wie viel Tage hat ein Jahr? 365 Tage; aber das Schaltjahr hat 366.

Aber wie erklärt das Abend? Nun, ich bin noch nicht am Ende (= zu Ende). Der Anfang (= Beginn) des Tages, wenn die Sonne **aufgeht,*** ist der Morgen. Das Ende des Tages, wenn die Sonne **untergeht,*** ist der Abend. Die Frau steht hier an der Meeresküste, da (= dort) oben auf dem Felsen. Sie sieht† die Sonne untergehen. Es ist Abend.

Lection 13 (Dreizehn).

Conjugation des Perfectums (der zweiten Vergangenheit)‡ der Hülfszeitwörter haben und sein und eines regelmäßigen Zeitwortes.

ich habe gehabt	ich bin gewesen	ich habe gelernt
du hast gehabt	du bist gewesen	du hast gelernt
er (sie, es) hat gehabt	er ist gewesen	er hat gelernt
wir haben gehabt	wir sind gewesen	wir haben gelernt
{ihr habt gehabt	{ihr seid gewesen	{ihr habt gelernt
{Sie haben gehabt	{Sie sind gewesen	{Sie haben gelernt
sie haben gehabt	sie sind gewesen	sie haben gelernt

* Siehe Seite 44, Note ‡. † Das Präsens von sehen (sah, gesehen), ist: ich sehe, du siehst, er sieht, wir sehen, ihr seht, sie sehen. So auch von lesen (las, gelesen): ich lese, du liest, er liest, wir lesen u. s. w. (= und so weiter). ‡ Siehe Seite 38, Note § ; 49, Note †.

Eine Nacht auf dem Lande.

Hier ist eine **ländliche** Scene. Der Mann ist ein Land=
mann (= Bauer). Er ist vor seinem Bauernhause mit seinem
kleinen Mädchen. Das Mädchen ist seine T o ch t e r, er ist der
V a t e r dieses Kindes. Er g i e b t* dem kleinen Mädchen
eine L a t e r n e in die Hand. Das Kind nimmt† die Laterne
von seiner Hand und hält‡ sie mit beiden Händen.

In der Laterne ist ein Licht. Das Licht ist von Talg oder
von Wachs. Brennt das Licht in der Laterne? Ja, das Licht
brennt in der Laterne, das Kind will seinen Weg mit der Laterne
finden. Scheint die Sonne nicht? Nein, es ist N a ch t.
Aber der Mond scheint? Ja, der Mond scheint, aber es ist
nicht h e l l (= Licht) genug. Die Sonne ist ein Licht am

---

* Präsens von geben, gab, gegeben: ich gebe du gi(e)bst, er gi(e)bt, wir geben
ihr geb(e)t, Sie geben, sie geben. † Präsens von nehmen. Siehe Seite 47, Note *.
‡ Präsens von halten, hielt, gehalten: ich halte, du hältst, er hält, wir halten, ihr
haltet, Sie halten, sie halten.

Himmel. Sie macht es hell auf der Erde. Es ist dunkel oder finster, wenn die Sonne nicht scheint (= strahlt). Die Nacht ist finster, aber der Tag ist hell. Die Sonne leuchtet am Tage mit ihren Strahlen.

Brennen Sie Talglichter‡ oder Wachslichter, wenn es dunkel (= finster) ist?§ Wir brennen Oel, Kerosinöl, im Sommer. Wir haben eine Lampe, eine Oellampe. Was brennen Sie im Winter? Wir brennen Gas im Winter. Die Tage sind dann kürzer, und die Nächte sind so lang, und wir lesen viel des Abends.* Brennöl riecht† nicht gut, und Gas giebt ein besseres Licht. Ich verstehe das Wort riecht nicht. So! haben Sie denn keine Nase? Ja, ja, ich habe wohl eine Nase; aber ich weiß nicht, was riecht ist. Nun, was thun Sie mit der Nase? Aha! ich habe es. Ich rieche mit der Nase. Die Nase ist das **Geruchs**organ.

Brennen Lampen auf der Straße? Auf dem Lande, im Dorfe, wo nur einige (= wenige) Häuser sind, und in kleinen Städten, wo kein Gas ist, brennen nicht viele Lampen; aber in einer großen Stadt brennen viele Lampen in jeder Straße. Wie viele Straßenlampen sind in dieser Straße? Sie ist sehr lang, und es brennen wohl (= vielleicht) mehr als fünfzig Straßenlaternen in dieser Straße. Warum sagen Sie Straßenlaternen? Es ist ein besseres Wort; wir sagen selten (= nicht oft) Straßenlampe.

Warum brennen die Straßenlaternen diesen Abend nicht? Wir haben **Voll**mond, und die Straßen sind heute Abend hell genug ohne Laternenlicht. Warum sagen Sie **heute** Abend und nicht diesen Abend? Es ist besseres Deutsch. Wir sagen heute für diesen Tag. Ich komme heute nicht zu Ihnen, ich habe meine neue deutsche Lection zu lernen. Können Sie nicht heute Abend zu uns kommen? Nein, es ist heute Nacht noch **Neu**mond, ich habe keine Laterne, und es ist zu

---

* Die unbestimmte Zeit steht gewöhnlich (= sehr oft) im Genitiv und die bestimmte im Accusativ. † Von: riechen, roch, gerochen. ‡ Siehe Seite 39, Note ‡. § Siehe Seite 43, Note §.

finster ohne* Laternenlicht hier auf dem Lande. Nun, kommen Sie, wenn wir Vollmond haben, also am zehnten dieses Monats.

Bevor (= Ehe) ich heute Abend nach Hause gehe, bitte, geben Sie mir die Regel für die dritte Declination. Ich verdeß sie Ihnen dictiren. Schreiben Sie! **Die meisten männlichen und alle sächlichen einsilbigen Hauptwörter gehören zur (= zu der) dritten Declination. Sie nehmen s oder es im Genitiv und gewöhnlich e im Dativ der Einzahl. In der Mehrzahl nehmen sie† e in allen Fällen.‡ Die meisten männlichen Hauptwörter dieser Declination nehmen auch den Umlaut.** Ich verstehe das nicht alles gut genug. Nun, ich werde es Ihnen morgen erklären, wenn Sie jetzt in zu großer Eile (= Hast) sind. Ich wünsche Ihnen guten Abend. Auf Wiedersehen!

Lection 14 (Vierzehn).

Erstes Futurum (die erste Zukunft).

ich werdeß haben	ich werde sein	ich werde glauben
du wirst haben	du wirst sein	du wirst glauben
er (sie, es) wird haben	er wird sein	er wird glauben
wir werden haben	wir werden sein	wir werden glauben
ihr werdet haben	ihr werdet sein	ihr werdet glauben
Sie werden haben	Sie werden sein	Sie werden glauben
sie werden haben	sie werden sein	sie werden glauben

* **Ohne** ist das Gegentheil von **mit**. Ist der Vater des Mädchens mit oder ohne Laterne? Das Mädchen hat nun die Laterne, er ist also ohne Laterne, er gab sie ihm (= dem Mädchen), er hat sie nicht länger (= mehr). † Wegen dieser Transposition siehe S. 52, Note *. ‡ Der Dativ hat natürlich en. Siehe Seite 28. § **Haben, sein** und **werden** helfen den Zeitwörtern im Futurum, Perfectum u. s. w., wir nennen diese drei die **Hülfszeitwörter des Tempus**. Wir bilden das erste Futurum eines jeden Zeitwortes mit dem Präsens des Hülfszeitwortes **werden** (wurde, geworden) und dem Infinitiv des Zeitwortes, welches wir zu conjugiren wünschen. Wir bilden das Perfectum eines transitiven Zeitwortes

Ein Lehrer und ein Schüler.

Wir sind wieder* in der Schule. Ist der Herr da auf dem Stuhle ein Schü= ler? Ach nein! er ist ein Lehrer.† Er lehrt die Kinder‡, die Schulkinder. Wird er sie Deutsch lehren? Ach, das weiß ich nicht. Aber, was glauben (= den= ken) Sie? Ich glaube, er ist ein Amerikaner.

Nun, lehren die Amerikaner nicht auch Deutsch? Ja gewiß, und manchmal (= oft) lehren sie es so gut wie die deutschen Lehrer.

Wo sitzt der Lehrer? Er sitzt vor dem Pulte. Ist das nicht ein Tisch, ein Schreibtisch? Ja; aber wir nennen den Schreib= tisch e i n P u l t. Was hat er auf dem Pulte? Er hat ein Buch auf dem Pulte, und ein Buch in der Hand. In welcher Hand? In beiden Händen. Schreibt er nicht mit der rechten Hand? Nein, er hat keine Feder in der Hand, seine Feder ist im Dintenfaß (oder Tintenfaß) auf dem Schreibpult.

Ein Faß.

Ist das hier ein Dintenfaß? Ach nein! das ist ein Wein=, oder Bier=, oder Oelfaß. Trinken Sie Bier, mein Herr? Nein, ich trinke kein Bier und auch keinen Wein; ich trinke nur Wasser. Was! nur Wasser? Sie trinken keine (nicht einmal) Chocolade,

mit dem Präsens von h a b e n und dem Participium der Vergangenheit des Zeit= wortes, welches wir zu conjugiren wünschen, z. B. ich **habe** gelernt. Das Per= fectum eines i n t r a n s i t i v e n Zeitwortes bilden wir gewöhnlich (= in der Regel) mit s e i n, z. B. ich **bin** gegangen. * W i e d e r ist noch einmal oder von **neuem:** Wann kommen Sie wieder? Ich werde nächsten Montag oder Dienstag wieder hier sein. † Der Lehrer l e h r t, der Schüler l e r n t. ‡ Kind ist eine Aus= nahme (= nicht nach der Regel) der dritten Declination (siehe Seite 38). Es hat die Fallendung er in der Mehrzahl. So auch die folgenden sächlichen Hauptwörter: **Buch, Faß, Feld, Glas, Haus, Licht, Rad** und **Weib.** Die Vocale a, o, u haben den Umlaut, also : **B ü ch e r, H ä u s e r,** u. s. w.

keinen Kaffee und keinen Thee? Ach ja! ich trinke manchmal, aber nicht oft, Chocolade oder Kaffee, aber niemals (= keinmal) Thee, Bier oder Wein.

Sie ſagten mir, der Lehrer hat ein Dintenfaß auf dem Pulte. Haben Sie ein Dintenfaß? Ja, ich habe ein Dintenfaß, aber ohne Dinte. Aber Sie können nicht ohne Dinte auf Papier ſchreiben. Haben Sie denn einen Bleiſtift? Ich habe einen

Ein Dintenfaß.

Bleiſtift, aber kein Federmeſſer, und kann deshalb den Bleiſtift nicht ſchneiden (ſpitzen). Hier iſt ein Dintenfaß, es iſt halb voll; Sie können das nehmen. Ich danke Ihnen.

Iſt der Knabe vor dem Lehrer der Sohn des Lehrers? Nein, er iſt der Sohn ſeines Bruders; er iſt ſein Neffe. Was thut der Schüler? Er lieſt laut aus dem Buche* in ſeiner Hand. Was lieſt er? Er lieſt eine Lection im neuen deutſchen Leſebuche. Wie lange lieſt er? Er hat eine halbe Stunde geleſen; er wird und kann nicht länger leſen, er iſt zu müde.†

Eine Uhr.

Was iſt eine Stunde? Haben Sie eine Uhr? Ja, ich habe eine Uhr von Gold. Sagen Sie eine goldene Uhr. Nun, wie viel Uhr (wie ſpät) iſt es? Ich kann das nicht ſagen. Wir ſehen auf der Uhr, was die Zeit, die Tageszeit iſt. Auf dieſer Uhr iſt es fünf Uhr; Punkt fünf. Der eine Zeiger zeigt auf 12, der andere Zeiger zeigt auf 5. Der kleinere Zeiger zeigt uns die Stunde, der größere die Minuten. Der kleinſte Zeiger da unten zeigt uns die Secunden, es iſt ein Secundenzeiger.

Wie viel Secunden hat eine Minute? Sechzig! Und wie viel Minuten hat eine Stunde? Auch ſechzig! Und wie viel Stunden hat ein Tag? Vierundzwanzig! Sehen wir vier- undzwanzig Stunden auf der Uhr? Nein, nur zwölf. Die

---

* Siehe Note (= Anmerkung) ‡ auf Seite 39. † Siehe Lect. 15, Seite 44.

Ziffern gehen von I bis XII. Die Ziffern stehen auf dem Zifferblatt. Das Zifferblatt ist weiß; die Ziffern sind schwarz. Sind das römische oder arabische Ziffern? Das sind römische Ziffern. Wie spät ist es auf Ihrer Uhr? Punkt drei.

Hier ist ein Zifferblatt mit arabischen Ziffern und ohne Secundenzeiger. Wie viel Uhr ist es auf dieser Uhr? Fünfzehn Minuten nach fünf. Wir sagen so (= das) nicht; es ist **ein Viertel auf sechs.** Der kleine Zeiger ist a u f dem Wege von fünf nach sechs. Eine ganze Stunde hat

Ein Zifferblatt.

sechzig Minuten, ein Viertel (das heißt d e r v i e r t e T h e i l) von sechzig ist fünfzehn. Also fünfzehn Minuten machen eine **Viertelstunde.** Und wie spät ist es auf dieser Uhr? **Drei Viertel** a u f a c h t. Aber wenn der große Zeiger auf VI zeigt (oder steht), was sagen Sie dann? Es ist halb eins, halb zwei und so weiter. Ist es schon halb acht? Es ist erst (= nur) ein Viertel auf acht. Wann ist unsere Stunde

(Lehrstunde) aus (= zu Ende)? Um zwanzig Minuten auf acht.

Wissen Sie die Namen der Tage? Nein, ich habe die Namen der Tage noch nicht gelernt. Wollen Sie mich* die=selben nicht jetzt lehren? Ja, aber ich will Sie zuerst fragen, ob Sie wissen, was eine W o c h e ist? Nein, das weiß ich nicht. Sieben Tage machen eine Woche. Ein Monat hat vier Wochen. Ein Jahr hat zweiundfünfzig Wochen. Ich verstehe das alles sehr gut. Können Sie nicht bis halb acht bleiben? Nein, ich habe keine Zeit (= i c h b i n i n E i l e); aber ehe ich gehe, bitte ich Sie, mir die Regel der vierten Declination zu dictiren. Ich will sie mir auf Papier schreiben.

Nun gut, schreiben Sie! Alle weiblichen Haupt= wörter gehören zur vierten Declination. Sie

---

* Das indirecte Object kann mit l e h r e n im Dativ oder Accusativ stehen.

nehmen keine Fallendung in der Einzahl. In
der Mehrzahl nehmen die **einſilbigen*** die
Fallendung e und den Umlaut, die zwei=
und mehrſilbigen aber **en** ohne Umlaut.

Nun die Namen der Wochentage: der Sonntag, Montag,
Dienſtag, Mittwoch, Donnerſtag, Freitag, Samſtag oder
Sonnabend. Was iſt heute? Es iſt heute Donnerſtag. Was
iſt morgen? Morgen iſt Freitag. Was war geſtern?
Geſtern war Mittwoch. Und **vorgeſtern**? Vorgeſtern
war Dienſtag; und **vor** vorgeſtern war Montag. Aber
das iſt nicht der erſte Tag der Woche? Nein, Sonntag iſt der
erſte, und Samſtag iſt der letzte Tag der Woche. Alſo heute iſt
Donnerſtag, der ſiebzehnte Juni eintauſend achthundert und
achtzig. Noch eins: Geſtern iſt (die) Vergangenheit,
das, was vergangen iſt; heute iſt die Gegenwart, und
morgen iſt die Zukunft, das, was kommt. Das iſt genug
für heute. Nun gute Nacht mein junger Freund!

Lection 15 (Fünfzehn).

Das Präſens des Paſſivums.	Das Imperfectum des Paſſivums.
ich werde gelobt†	ich wurde† gehört
du wirſt gelobt	du wurdeſt gehört
er (ſie, es) wird gelobt	er wurde gehört
wir werden gelobt	wir wurden gehört
{ ihr werdet gelobt	{ ihr wurdet gehört
{ Sie werden gelobt	{ Sie wurden gehört
ſie werden gelobt	ſie wurden gehört

---

* Ein Wort beſteht aus einer oder mehr Silben. Das Wort ein - ſil - big hat
drei Silben. † Wir bilden das Präſens des Paſſivums mit dem Präſens von
werden und dem zweiten Participium des Zeitwortes, welches wir zu conjugiren
wünſchen, und das Imperfectum mit dem Imperfectum von werden und demſelben
Participium. ‡ Das Imperfectum von werden iſt auch: ich ward, du wardſt,
er ward, wir wurden, ihr wurdet, ſie wurden.

Eine Mutter mit ihrem betenden Kinde.

Hier kniet ein Kind vor seiner Mutter. Diese Frau ist die Mutter des Kindes. Es hat eine Hand dicht bei (oder sehr nahe* bei) der anderen Hand. Es hat die Hände gefaltet und betet zu Gott. Es ist Abend, und der Knabe will zu Bett gehen. Die Mutter hört ihr Söhnchen† (ihren kleinen Sohn) sein Abendgebet beten.

Das Kind will nicht allein sein, es hat Furcht‡ in der Nacht. Die gute Mutter sitzt also ruhig (= still) bei ihrem Kinde, bis es gebetet hat.§ Wollen Sie wissen, was das Kind betet? Ja, bitte, dictiren Sie es mir! Nun, schreiben Sie:

Müde bin ich, geh' zur Ruh',
Schließe beide Aeuglein zu;
Vater, laß die Augen Dein
Ueber meinem Bette sein! —

---

* Nahe ist das Gegentheil von weit. Es ist weit von New York nach Paris in Frankreich, es ist weiter von New York nach Sanct Petersburg in Rußland, es ist am weitesten von New York nach Pekin in China. Brooklyn ist nahe bei New York. † Söhnchen ist das Dimimutivum (= Verkleinerungswort) von Sohn. ‡ Furcht kommt von dem reflexiven Zeitwort sich fürchten. § Nach den Conjunctionen (Bindewörtern) als, bevor, bis, da, damit, daß, ehe, indem, je, nachdem, ob, obgleich, seit, während, weil, wann, wenn, wie steht das Zeitwort am Ende.

Ach, das kann ich nicht gut verstehen. Schon das erste Wort müde verstehe* ich nicht. Nun, Sie wissen, was gehen ist. Wenn Sie lange gehen, ohne zu sitzen (= rasten), so sind Sie müde. Ich war heute Morgen in New York und ging mehr als (= über) drei Meilen zu Fuß. Ich bint also weit gegangen; ich bin zu müde und kann Ihnen heute Abend keine Lection geben. Ich wünsche Ruhe. Wir ruhen, wenn wir still sitzen oder still liegen. Das Kind spielt den ganzen Tag. und wird so müde, daß es (die) Ruhe wünscht. Es findet Ruhe im Schlaf. Wann gehen Sie zur Ruh' (= zu Bett), oder

Ein Bett.

wann gehen Sie schlafen? Ich gehe immer (= jeden Tag) um zehn Uhr oder halb elf zu Bett. Und wann stehen Sie auf?‡ Ich stehe gewöhnlich (= am öftesten, aber nicht immer) um sechs (Uhr) oder ein Viertel auf sieben auf. Sind Sie gestern um halb elf zu Bett gegangen? O, ich war schon um zehn im Bett. Ist das nicht eine sehr frühe Bett(= Schlaf)stunde für den Sommer? Ja, zehn Uhr ist zu früh, aber zwölf ist zu spät.§

---

* Diese Transposition wird auf S. 52, Note *, erklärt. † Das Zeitwort gehen ist intransitiv und wird mit sein conjugirt, e. g. (= zum Beispiel), ich bin gegangen. ‡ Der Infinitiv ist aufstehen, er wird von dem Zeitwort stehen und dem Verhältnißwort auf gebildet. Wir nennen ein solches Zeitwort ein verbundenes (von: verbinden, verband, verbunden) Zeitwort. Wir binden das einfache (Gegentheil von verbundene) Zeitwort stehen mit auf zusammen (Gegentheil von allein), das nennen wir verbinden. Das einfache Zeitwort ste-hen hat zwei Silben, es ist zweisilbig. Das Verhältnißwort auf hat eine Silbe, es ist einsilbig. Diese Vorsilbe von aufstehen nennen wir eine Partikel. Der Platz (= die Stelle) dieser Partikel ist im Präsens, Imperfectum und Imperativ am Ende des Satzes. Wir sagen zum Beispiel (= e. g.): ich stehe heute nicht auf. Hier ist ein Satz. Das Subject dieses Satzes ist ich; das Prädicat ist stehe...auf; heute ist das Umstandswort der Zeit; nicht ist das Umstandswort der Verneinung im Satze. Das Umstandswort der Zeit steht vor allen anderen Umstandswörtern. Die Partikel und das Zeitwort von (= aus) einander (oder separat) stellen heißt das verbundene Zeitwort trennen, aufstehen ist also trennbar, das heißt, es kann getrennt (= separirt) werden. § Spät ist das Gegentheil von früh.

Ich verstehe die erste Linie (= Zeile) des Gebetes gut genug, aber nicht die zweite Zeile (= Linie). Nun, da steht zuerst (oder als erstes Wort): Schließe....zu. Ein Synonym des Zeitwortes zuschließen ist zumachen. Ich mache die Augen zu, oder: ich schließe beide Aeuglein zu.* Sie wissen, Aug (e) steht hier mit der Endung lein; Aeuglein bedeutet (= will sagen) kleines Auge. Ein kleines Kind ist ein Kindchen oder Kindlein.

Ein Schloß.

Wir haben das Hauptwort Schloß von dem Zeitworte schließen (Imperf. schloß, 2. Partic. geschlossen). An der Thür ist ein Schloß. Das Schloß ist von Eisen. In dem Schloß ist (= steckt) ein Schlüssel. Die Oeffnung† in dem Schlosse, in welcher der Schlüssel steckt, heißt das Schlüsselloch. Steckt der Schlüssel in dem Schlüsselloch? Nein, der Schlüssel ist (= liegt) auf dem (Schreib)pulte. Nehmen Sie diesen Schlüssel und stecken Sie ihn in das Schlüsselloch dieses Schlosses! Und was dann (= weiter)? Wir schließen nun die

Ein Schlüssel.

Thür mit dem Schlüssel zu, (oder die Thür wird mit dem Schlüssel geschlossen,) und wir nennen das die Thür verschließen;‡ die Thür ist verschlossen.

Hat das Kind keinen Vater? O ja! es hat (beide) Eltern (= einen Vater und eine Mutter), aber es betet hier zu dem himmlischen Vater. Ich kann nicht verstehen, warum (= weshalb) das Kind nicht sagt: Laß Deine Augen über meinem Bette sein; ich denke, das ist doch klarer. Dieses Gebet ist aber nicht Prosa, es ist Poesie. Die erste Zeile dieses Verses reimt mit der zweiten, und die dritte mit der vier-

---

* Zuschließen ist auch ein verbundenes trennbares Zeitwort. † Das Hauptwort Oeffnung kommt von öffnen = offen machen oder aufmachen. ‡ Verschließen ist untrennbar, es kann nicht getrennt werden. Die Vorsilbe kann nur getrennt werden, wenn sie auch ohne Verbindung eine eigene Bedeutung hat. Die Partikel ver ohne Verbindung ist kein Wort.

ten. Wenn wir das in Prosa sagen wollen, (so) schreiben wir
es so: Ich bin müde und gehe zu Bett. Ich mache beide
Aeuglein zu. O Gott, halte Deine Augen offen und sieh' auf
mein Bett herab!

Aber Sie vergessen mir die Regel der dritten Declination zu
erklären. Nun, Sie wissen, was eine Kuh ist? Ja, das ist
das große weiße Thier unter K im Alphabete. Wir haben die
Milch von der Kuh, und aus der Milch wird Butter gemacht.
Ja, und auch Käse. Unser Milchmann bringt uns **täglich**
(= jeden Tag) Milch, und **wöchentlich** Butter und Käse.
Wie viel Milch bringt er Ihnen? Er bringt uns jeden Wochen=
tag (= Werktag) ein Quart, und am Sonntag ein und ein hal=
bes oder ein und drei Viertel Quart.

Das Quart ist ein deutsches und englisches Maß. Der Fuß
ist auch ein englisches und deutsches Maß. Wie h o ch ist
dieses Haus? Es ist 34 Fuß* hoch und 16 Fuß breit (= weit).
Ein Fuß hat 12 Zoll,* also ein Zoll ist ein **zwölftel** Fuß. Die
Yard ist ein englisches, die Elle ist ein deutsches Maß. Eine
Yard hat drei englische Fuß. Der deutsche Fuß ist ein wenig
größer als der englische Fuß. Der Meter ist ein französisches
Maß. 3½ Fuß deutsches Maß machen einen Meter.

Sie verstehen (= begreifen) das alles? Ja, ich begreife
aber nicht, was das alles mit der Regel zu thun hat. Haben
Sie nur ein wenig mehr Geduld!†

Das Eigenschaftswort m e i st ist der Superlativ von v i e l.
Der Comparativ ist m e h r. Es geht nicht nach der Regel,
wird nicht nach der Regel comparirt, ist also nicht regel m ä ß ig,
sondern‡ **unregelmäßig**. M ä ß i g kommt von Maß (messen,
maß, gemessen). Was unregelmäßig ist, ist (= macht) eine Aus=

---

* Das Maß steht in der Einzahl, wenn es männlich oder sächlich ist und
nach einer Zahl steht (oder besser: wenn eine Zahl vorhergeht = voransteht).
† Geduld kommt von dem regelmäßigen Zeitworte d u l d e n, duldete, ge=
duldet (= aushalten, auch t o l e r i r e n). Hier bedeutet es: nur nicht
so in der Eile, nur nicht zu schnell! Wir Deutschen sagen: was lange
dauert (= währt), wird gut, das heißt: was viel Zeit kostet, ist
es besser. † Nach der Verneinung steht sondern und nicht ober.

nahme* von der Regel. Wir sagen im Deutschen: Keine
Regel ohne Ausnahme. Einige (= nicht viele) männlichen einsilbigen Hauptwörter sind Ausnahmen und gehören zur
zweiten Declination, z. B. der Mensch. Dieses Wort ist
männlich und einsilbig; aber es gehört zur zweiten Declination:
es hatte zwei Silben im Altdeutschen. Wir können also nicht
sagen: Alle männlichen und sächlichen einsilbigen Hauptwörter gehören zur dritten Declination; denn die folgenden einsilbigen Hauptwörter gehören zur zweiten Declination: Bär,
Christ, Fürst, Prinz, Graf, Held, Hirt, Mensch,
Mohr, Nerv, Narr (Thor), Ochs, oft auch Pfau.

Lection 16 (Sechzehn).

Declination der interrogativen (= fragenden) Fürwörter.†

Für Personen.	Für Dinge.		Für Personen und Dinge.				
			männlich.	weiblich.	sächlich.		
Nom.	wer	was	welcher‡	welche	welches		welche
Gen.	wessen	wessen	welches	welcher	welches		welcher
Dat.	wem	—	welchem	welcher	welchem		welchen
Acc.	wen	was	welchen	welche	welches		welche

(Einzahl) (Mehrzahl)

Hier ist noch ein poetisches Abendgebet:

Guter Vater im Himmel Du,
Meine Augen fallen zu;
Will mich in mein Bettchen legen,
Gieb nun Du mir Deinen Segen.

---

* Ausnahme kommt von dem Imperfectum des unregelmäßigen Zeitwortes
nehmen, nahm, genommen. Siehe Seite 58, Note *. † Das relative
(= bezügliche) Fürwort hat dieselbe Form und dieselbe Fallenbung. Wer steht dann
für der, welcher und was für das, was. Eine dritte Form ist der, die,
das, welche im Genitiv dessen, deren, dessen hat, aber in allen anderen
Fällen der Einzahl wie der bestimmte Artikel declinirt wird. In der Mehrzahl wird
es declinirt: die, deren, denen, die. Siehe die folgende Note. ‡ Wir haben
diese Declinationsendungen schon in Lect. 8 gehabt. Das demonstrative (= hin-
weisende) Fürwort hat diese Fallenbung. Siehe *Complete Grammar.* 198-213.

Lieber Gott, das bitt' ich Dich:
Bleib' bei mir, hab' Acht auf mich.

Ein Hund und dessen Schatten im Wasser

Da steht ein Hund am Ufer dieses Flusses. Die Sonne scheint, und er sieht seinen Schatten im Wasser. Er hat Fleisch, ein großes Stück Fleisch, in seinem Munde (= Maule). Was hast du in deinem Munde? Ich habe eine Zunge im Munde. Die Deutschen sagen: Morgenstunde hat Gold im Munde. Wir sprechen mit der Zunge. Wenn wir nicht sprechen können, so sind wir stumm. Ein Knabe in unserer Schule hat einen taubstummen Bruder. Ist er in einem Institut für Taubstumme? Ja, er ist in einem Taubstummen-Institut in der Stadt Prag. Wo ist Prag? Prag ist in Böhmen, und Böhmen gehört zu Oestreich (= Oesterreich).

Ist das Kuhfleisch oder Ochsenfleisch, was (= welches) der Hund in seinem Maule hat? Ich glaube (= denke), es ist ein großes Stück Ochsenfleisch. Kommt das englische Wort *flesh* von diesem deutschen Worte Fleisch? Ja gewiß; wir sagen, wie im Englischen, Menschenfleisch; aber wir sagen auch Ochsenfleisch, Kuhfleisch, Kalbfleisch, Lammfleisch und so weiter.

Aber wie kann ich das Wort Stück verstehen? Nun, ein Stück ist ein Theil eines Ganzen. Hier ist ein Apfel. Dieser Apfel ist nicht in Theilen (= Stücken). Man kann auch sagen, er ist in einem Stück oder

Ein Apfel.

in einem einzigen Stück da, er ist nicht getheilt, er ist ganz oder ein Ganzes.

Wir wollen ein Messer nehmen. Was können wir damit*
thun? Ein Messer hat eine **Klinge**, oder zwei oder mehr
Klingen. Die Klinge ist gewöhnlich von Stahl. Wir
schneiden mit der Klinge des Messers. Nun, wir wollen
in den Apfel schneiden. Wenn wir von dem Apfel ein Stück
abschneiden, so nehmen wir einen Theil des Apfels, und der
Apfel ist nicht mehr (= länger) ganz. Wir sind zwei Personen
und haben nur **einen** Apfel. Was ist zu thun? Wir schneiden den Apfel in der Mitte durch, wir **zerschneiden** ihn, das
heißt, wir schneiden ihn in **Stücke**. In wie viel
Stücke schnitt ich ihn? Sie haben ihn in zwei Stücke ge-
schnitten, und jeder von uns hat ein gleich großes Stück, einen
halben Apfel, eine **Hälfte**.

Hier auf dem Tel-
ler ist ein anderer
Apfel in vielen Thei-
len oder Stücken. In
wie viel Stücke ist er
getheilt (= geschnit-
ten)? In acht. Also
jedes Stück (= jeder
Theil) dieses zweiten

Ein Apfel in Stücken auf einem Teller.

Apfels ist ein **Achtel.**‡ Zwei Achtel machen ein Viertel. Vier
Viertel machen ein Ganzes. Sechs Viertel machen ein Ganzes
und ein Halbes (das heißt: ein ganzes und ein halbes Stück).
    Wessen Schatten sieht der Hund? Er sieht seinen eigenen
Schatten und glaubt einen anderen Hund zu sehen. Der
Schatten ist größer als der Hund. Das Stück Fleisch sieht
im Wasser auch größer **aus**, als es ist. Der Hund denkt, das

---

* Wir sagen statt **mit ihm, für es, zu ihm: damit, dafür, dazu,** u. s. w.
† **Schneiden** ist ein unregelmäßiges Zeitwort. Dessen Haupttheile sind:
schneiden, schnitt, geschnitten. Das regelmäßige Zeitwort hat im Imperfectum ein
t vor der Endung des Präsens, und im 2. Participium die Vorsilbe ge und die Endung
t, z. B. loben, lobte, gelobt. Unregelmäßige Zeitwörter verändern den Vocal im
Imperfectum und meist auch im 2. Participium, und nehmen in dem letzteren die
Vorsilbe ge und die Endung en. ‡ Die Endung tel ist verkürzt von Theil.

ist ein anderes Thier mit einem größeren Stück. „Aha!" spricht er (zu sich selbst), „das ist ein größeres und besseres* Stück Fleisch als das welches ich im Munde habe." Er springt ins '= in das) Wasser, um es zu greifen · = von dem anderen Hunde zu nehmen). Er macht aber den Mund (= das Maul) auf und läßt so sein Stück Fleisch ins Wasser fallen. O Wunder! der andere Hund hat nun auch kein Fleisch mehr. Es war sein eigenes Stück Fleisch, und der andere Hund war er selbst.

Wenn das Kind m ü d e ist, fallen ihm die Augen zu. Ich bin auch müde, ich kann meine Augen nicht offen halten. Wo waren Sie denn gestern Abend? Ich war zu Hause. Was hatten Sie denn zu thun, warum sind Sie so müde? Ich hatte zu viel zu schreiben und zu lernen. Und wann sind Sie zu Bett gegangen? Ich ging erst spät, aber sehr müde, zu Bett. Wie spät? Eine halbe Stunde nach M i t t e r n a c h t? Was ist Mitternacht? Zwölf Uhr in der Nacht. Was ist 12 Uhr bei Tag? M i t t a g. Die Sonne steht dann hoch am Himmel.

Was ist der Unterschied (= die Differenz) zwischen l e g e n und l i e g e n? Das erste (= jenes) ist t r a n s i t i v, das zweite (= dieses) ist i n t r a n s i t i v. Das transitive Zeitwort hat ein Object, z. B., ich lege das Kind ins Bett. Wen oder was lege ich? Das Kind. Wohin? Ins Bett. Wer legt? Ich lege. Also i c h ist das Subject des Satzes, l e g e das Prädicat, d a s K i n d das directe Object, i n s B e t t das adverbielle Object des Ortes (= Platzes). Der Satz in dem Verse ist: Ich will **mich** in mein Bettchen legen. Das transitive l e g e n ist hier reflexiv conjugirt. Vor dem Infinitiv eines reflexiven (r ü c k b e z ü g l i c h e n) Zeitwortes steht das rückbezügliche Fürwort **sich.**† Das intransitive **liegen**‡ kann, wie im Englischen, kein Object haben.

---

* Das Eigenschaftswort g u t wird unregelmäßig comparirt: gut, besser, b:st.
† Das Präsens wird so conjugirt: ich lege **mich,** du legst **dich,** er legt **sich,** wir legen **uns,** ihr leg(e)t **euch,** Sie legen **sich,** sie legen **sich**; wir setzen oft selbst hinzu.
‡ Dessen Haupttheile sind: liegen, lag, gelegen; l e g e n (legte, gelegt) ist regelmäßig, aber l i e g e n ist unregelmäßig.

Ein Herz.

Das Herz ist der Sitz des Gefühles. Der Mensch kann fühlen. Der Doctor (= Arzt) fühlt den Puls am Arm und weiß dann, wie das Herz schlägt.* Das Blut circulirt (= rollt) in den Adern (= Arterien und Venen). Wenn das Blut nicht mehr circulirt, so schlägt auch das Herz nicht. Wenn das Herz nicht schlägt, so haben wir keinen Puls. Wenn wir keinen Puls haben, so leben wir nicht mehr, sondern sind todt. Die Todten liegen in der Erde, im Grabe.† Wir leben, wir sind auf der Erde.

Das Herz ist in der Brust; es ist auch der Sitz der Liebe. Wir lieben unsere Eltern. Wir lieben Gott, denn er liebt uns. Gott ist die Liebe, sagt die Bibel. Liebst du deinen Lehrer nicht? Ach ja! er ist so gut, ich liebe ihn von ganzem Herzen. Was ich liebe, ist mir lieb (oder: habe ich lieb).

Warum sagen Sie: ich bete zu Gott, und: ich bitte Sie? Beten ist zu Gott sprechen und ihm danken; bitten ist eine Person um etwas (ein Ding) ansprechen. Ich sagte vorgestern zu Ihnen: Bitte, geben Sie mir das Buch. Ich wünschte das Buch zu haben; ich hatte Ihnen nicht zu danken, bevor Sie meinen Wunsch (von wünschen) erfüllten, das heißt, bevor ich das Buch von Ihnen hatte.

Das Wort bleiben ist neu. Ich war letzten Sonntag bei Ihnen (= in Ihrem Hause). Um sechs Uhr wollte ich gehen; aber Sie sagten: „Ach, Herr Krämer, gehen Sie noch nicht, das heißt, bleiben Sie (noch) länger!" Bleiben bedeutet (= heißt): nicht von dem Platze gehen, wo wir sind. Das Kind sagt zu Gott: „Gehe nicht von mir!"

Und was ist Acht haben? Bewachen, das heißt über ein Ding oder eine Person wachen. Wir wachen am Tage, wir liegen im Bett und schlafen in der Nacht. Gott bewacht uns, hat Acht auf uns.

---

* Schlagen ist unregelmäßig. Dessen Haupttheile sind: schlagen, schlug, geschlagen. Das Präsens wird so conjugirt: ich schlage, du schlägst, er schlägt, wir schlagen, u. s. w. † Siehe Seite 52, Lection 17.

Lection 17 (Siebenzehn).

Die Verhältnißwörter, welche den Dativ oder den Accusativ regieren.

An, auf, hinter, neben, in,
Ueber, unter, vor und zwischen
Stehen mit dem Accusativ,
Wenn man fragen kann: wohin?
Mit dem Dativ steh'n sie so,
Daß man nur kann fragen: wo?

Ein Grab und ein weinender Engel.

Hier sehen wir* ein Grab. Wir ruhen im Grabe. Ruhen wir nicht jede Nacht? Ja, aber wir wachen am Morgen auf. Das Grab aber ist der Ruheplatz (= Ruheort) des Menschen am Ende seines Lebens hier auf Erden.† Es ist immer Nacht im Grabe, und das Grab ist ein kühles Bett. Das Grab ist Ruhe oder Stille. Das Leben ist das Gegentheil, es ist Bewegung, oder Thätigkeit.‡

Ist das Leben hier nicht unendlich (= ohne Zeitende)? Nein, wir können hier nicht immer oder ewig (= alle Zeit) leben. Die Krankheit ist eine Plage hier auf Erden. Krankheit§ ist das Gegentheil von Gesundheit. Hier haben wir ein neues Wort: gesund; aber ich weiß recht gut, was es bedeutet. Wir haben das englische Wort *sound* davon. Ja, ganz

---

* Das Wort Satz ist erklärt auf Seite 44. Wenn ein anderer Satztheil als das Subject zu Anfang steht, so steht das Prädicat vor dem Subject. † Erben ist eine alte Dativform für: der Erbe. ‡ Thätigkeit kommt von: thun, that, gethan. § Wir bilden viele Hauptwörter mit den Endungen heit (englisch hood oder head), keit und ung, sie sind alle weiblich. Von schwach (Gegentheil von stark) haben wir Schwachheit; von weich (Gegentheil von hart) Weichheit; von Kind Kindheit; von wahr Wahrheit. Ist das so (= wahr)? Ja, was der Knabe sagt, ist wahr. Er sagt (= spricht) die reine Wahrheit.

recht! und gesund sein bedeutet: sich wohl befinden.
Sie fragen: Befindet sich Ihr Herr Vater wohl?
oder: Ist Ihr Herr Vater gesund (= wohl)? Und ich
gebe zur Antwort: Ja, mein Herr, Gott sei Dank! recht wohl.

Nehmen Sie Medicin, wenn Sie krank sind? O ja, ich
gehe zum Arzt (= Doctor), und er giebt mir Medicin, oder er
schreibt* mir ein Recept. Und was dann? Dann gehe ich in
die Apotheke zu dem Apotheker, und er giebt mir die Medicin,
welche der Arzt verschrieben hat.

Oft kann der Doktor helfen, wenn wir krank sind; aber
endlich hilft† kein Arzt mehr und keine Medicin curirt (=
heilt), und wir fallen in die Hand des Todes. Wenn wir todt
sind, werden wir in die Erde, oder besser in das Grab (= die
Gruft) gelegt. Unsere Freunde bringen uns Blumen und
legen sie auf die Bahre, oder streuen sie auf das Grab.

Warum sagen Sie einmal in **das** Grab und dann in **dem**
Grabe? Haben Sie nicht den Vers da oben am Anfang‡ der
Lection gelernt? Wenn diese Verhältnißwörter an, auf, hin=
ter, in, neben, über, unter, vor und zwischen Ruhe
oder Bewegung auf einem Platze bezeichnen, so
regieren sie den Dativ, z. B.: Ich liege im Grabe; sie
regieren aber den Accusativ, wenn sie Bewe=
gung von einem Platze zu einem anderen be=
zeichnen, z. B.: Wir legen den Todten **wohin?** In **das**
Grab. Er liegt **wo?** In **dem** Grabe.§

Auf diesem Grabe steht ein Kreuz; denn hier liegt ein Christ
begraben. Die Monumente auf den Gräbern der Juden (Israe=
liten) haben andere Formen.

Auf diesem Grabe liegen Blumenkränze. Neben dem
Grabe rechts steht ein weinender‖ Engel. Er weint um (=

---

* Schreiben, schrieb, geschrieben. † Von helfen, half, geholfen: ich helfe, du
hilfst, er hilft, wir helfen, u. s. w. ‡ Anfang ist das Gegentheil von Ende.
§ Auf die Frage **wann?** steht auch gewöhnlich der Dativ, und auf die Frage **wie
lange? bis wann?** der Accusativ. ‖ Das erste Participium hat die Endung
end, und wird declinirt wie ein Eigenschaftswort. Wir finden hier das Eigenschaftswort mit der Endung er: ein weinender Engel. Der unbestimmte Artikel hat die-

über) den Geſtorbenen,* welcher hier liegt.†　Ja, aber er wird
nur bis zum Tage der Auferſtehung ruhen.　Die Bibel ſagt,
alle Todten werden auferſtehen, und es giebt keinen ewigen Tod.

Laſſen Sie uns nicht länger vom‡ (= von dem) Grabe und
Tode ſprechen!　Wir finden ja ſo viel Gutes§ noch im Leben.
Wollen Sie nicht wiſſen, was ich geſtern Abend zu Hauſe‖ in
einem deutſchen Leſebuche geleſen habe?　Ich konnte Alles gut
verſtehen.¶　Was!　Alles?　Ja, und ich will es Ihnen jetzt
ohne Buch ſagen.　Das heißt erzählen.　Alſo erzählen
Sie, was Sie geleſen haben!　Das Stück heißt:

Die Kinder und der Mond.

Die Sonne war untergegangen,** und es wurde†† dunkel.
Zwei Kinder waren noch nicht zu Hauſe‖ bei‡ der Mutter.　Sie
ſpielten Ball auf dem Felde.　Sie hatten vergeſſen, daß ſie des
Abends in der Dunkelheit (= Finſterniß)‡‡ den Weg nach‖
Hauſe nicht finden können.　Sie waren ohne Laterne und ſehr,
ſehr weit von Hauſe.

Was war zu thun?　Was können Kinder thun?　Sie
hatten Hunger und Durſt, und der Weg zum Elternhauſe war

---

selbe Form für das männliche und ſächliche Geſchlecht im Nom., folglich hat das
Eigenſchaftswort die Endung er im Nom. männlich und die Endung es im Nom.
ſächlich.　Der Accuſativ weiblicher und ſächlicher Eigenſchaftswörter iſt natürlich wie
der Nominativ, und ſo auch der Accuſativ der Mehrzahl.

* Von ſterben, ſtarb, geſtorben.　† Nach dem Relativ ſteht das Zeitwort am
Ende.　‡ Das Verhältnißwort **von** regiert den Dativ.　Lernen Sie dieſen Vers:

Schreib **mit, nach, nebſt, ſammt, bei, ſeit, von, zu, zuwider,**
Entgegen, binnen, aus ſtets mit dem **Dativ** nieder.

§ Das Eigenſchaftwort ohne Artikel hat die Endung des beſtimmten
Artikels.　Wir haben hier die ſächliche Endung es.　‖ Wir ſagen: ich gehe
nach Hauſe und: ich bin zu Hauſe.　¶ Wenn im Prädicat ein Hülfszeitwort
vorkommt, ſo behält nur dieſes die Stelle des Prädicates, und das zweite Participium oder der Infinitiv ſteht am Ende.　Wenn das Participium und der Infinitiv
zuſammen kommen, ſo ſteht dieſer zuletzt.　** Untergegangen von **untergehen.**
Siehe Seite 26, Note *.　†† Werden iſt hier kein Hülfszeitwort; ein Ding,
welches wird, iſt noch nicht da, es bekommt eine Exiſtenz oder entſteht.
‡‡ Hauptwörter mit der Endung niß (engliſch ness) ſind ſächlich.　Finſterniß
macht eine Ausnahme, es iſt weiblich.

so weit! Sie konnten* nicht weiter gehen, ihre Füße waren zu müde. Sie setzten sich in das Gras; denn auf dem Felde da sind keine Stühle, keine Bänke und kein Sopha. Die Thränen† standen‡ in ihren Augen so groß wie Perlen, bis sie endlich (= zuletzt) weinten. Ihre Thränen benetzten (= bewässerten) das Gras, denn sie weinten bitterlich.

Auf einmal (= plötzlich) wurde es hell hinter den Bäumen, und sie sahen ein rundes Licht aufgehen. Das war der Mond. Als er die Kinder gewahr wurde (= sah), rief§ er: „Guten Abend, Kinderchen! Aber was macht ihr denn noch so spät auf dem Felde?" Die Kinder waren still wie Mäuschen. Der Mond rief noch einmal. Da flüsterte (= sagte) das jüngere Kind dem älteren leise‖ in's (= in das) Ohr: „Willst du nicht sagen, daß wir unseren Weg nicht finden¶ können?"

„Ich glaube (= denke), ich will es thun," antwortete das ältere dem jüngeren, und dann rief es so laut, als es (nur) konnte: „Wir können unseren Weg nicht finden, willst du uns nicht bei der Hand nach Hause leiten (= führen)?"**

„Ach, ich habe keine Hände," antwortete der Mond sehr freundlich,†† „aber ich will euch ein wenig leuchten, und wenn ihr das Elternhaus kennt (= wißt), so könnt ihr es mit meinem Lichte finden." Und der Mond leuchtete den Kindern beinahe (= nicht ganz) so hell als die Sonne am Tage leuchtet, und sie fanden die Straße (= den Weg). Als sie vor der Hausthür standen, sagten sie: „Schönen Dank, lieber Mond, daß du uns geleuchtet hast!" Der Mond antwortete: „Es ist gern‡‡

---

* Imperf. von k ö n n e n, konnte, gekonnt. Siehe Seite 10. † Die rinnenden Tropfen, Wassertropfen, aus dem Auge. ‡ Imperf. von st e h e n, stand, gestanden. § Imperf. von rufen, rief, gerufen. ‖ Leise (oder sachte) ist das Gegentheil von laut. ¶ Finden, fand, gefunden. ** Der Lahme führt den Blinden. Der Blinde kann nicht sehen, der Lahme kann nicht gehen. Der Eine hilft dem Anderen. Wir leiten oder führen Kinder bei der Hand. †† Das Eigenschaftswort freund lich kommt von Freund, das ist eine Person, welche nicht zu unserer Familie gehört, aber unsere Liebe hat (= besitzt). ‡‡ Was mit Liebe oder mit gutem Willen gethan wird, das wird gern gethan. Gern ist ein Umstandswort; der Comparativ ist lieber, der Superlativ am liebsten.

geschehen* (= hat nichts zu sagen). Ist schon gut! Aber
eilt nun, daß ihr zu eurer guten Mutter kommt; denn sie hat
schon den ganzen Abend geweint."

Lection 18 (Achtzehn).

Conjugation der Hülfszeitwörter müssen† und lassen†.

Präsens.	Imperfectum.	Präsens.	Imperfectum.
ich muß	ich mußte	ich lasse	ich ließ
du mußt	du mußtest	du lässest	du ließest
er muß	er mußte	er läßt	er ließ
wir müssen	wir mußten	wir lassen	wir ließen
ihr müßt }	ihr mußtet }	ihr laßt }	ihr ließ(e)t }
Sie müssen }	Sie mußten }	Sie lassen }	Sie ließen }
sie müssen	sie mußten	sie lassen	sie ließen

Bruder und Schwester.

Wir sehen hier Bruder
und Schwester. Sie sind
Geschwister. Das Mäd-
chen mit dem langen Haar ist
die Schwester des Knaben.
Warum hält (= stemmt) sie
di. Hände gegen die Thür?
Damit (= Daß) ihr Bruder
nicht in das Zimmer kommen
kann; sie will ihren Bruder
nicht in das Zimmer kommen
lassen.

Ich verstehe Zimmer
nicht. Nun, wo sind die
Kinder? Sie sind im Hause.
Und wo ist der Knabe, vor

* Zweites Partic. von geschehen, geschah, geschehen. Geschehen ist ein intransi-
tives Zeitwort und ist so viel als gethan werden (Passivum von thun).
Hier bedeutet es gethan worden. † Hauptheile: müssen, mußte, gemußt, und: lassen,
ließ, gelassen.

ober hinter der Thür? Der Knabe steht vor der Thür in dem
Theil oder Raum des Hauses, wo die Treppe ist. Und wie
heißt dieser Hausraum? Wir nennen diesen Raum die Haus=
flur. Wir gehen von der Hausflur durch die Hausthür auf
die Straße. Von der Hausflur gehen wir auch durch andere
Thüren in die Räume (= Theile) des Hauses, welche wir
Z i m m e r oder S t u b e n nennen.*

Wo sind wir, auf der Straße oder in einem Zimmer (= einer
Stube)? Wir sind in einem S c h u l z i m m e r (= einer
Schulstube). Das Mädchen da ist in einem S c h l a f z i m m e r.
Wie nennen Sie ein kleines Schlafzimmer? Eine K a m m e r.

Ein Zimmer hat W ä n d e. Die
Thür ist (= befindet sich) in der
Wand. Die Fenster befinden sich
auch in der Wand. Wie viel Wände
hat ein Zimmer? Es hat natürlich
(= natürlicherweise) vier Wände.
Dieses Fenster ist in der äußeren
Wand (= A u ß e n w a n d). Wir
nennen die Außenwand auch die
M a u e r des Hauses. Wir sehen
das Fenster von der Straße; also, es
ist in der Mauer des Hauses. Was vor dem Fenster im Zim=
mer hängt,* ist ein V o r h a n g oder eine G a r d i n e. Hier
sehen wir† Gardinen von T ü l l und einen Vorhang von L i n n e n,
L e i n e n oder L e i n w a n d.

Ein Fenster.

Haben wir Gardinen in dem Schulzimmer? Ach nein, aber
wir haben Gardinen in unserer Wohnstube zu Hause. Meine
Mutter bringt uns heute feine Tüll=Gardinen für das neue
Haus. Aber ist deine Mutter nicht in Leipzig? Ja, sie war
in Sachsen, aber sie kommt heute Abend nach Hause und wird
viel von Leipzig und Dresden mitbringen.

Wird das Hemd nicht auch von Linnen gemacht? Ja, wir

---

* Siehe Seite 54, Note †. † Siehe Seite 52, Note *.

nehmen ein Stück Leinwand, messen* mit der Elle
ab, was wir zu einem Hembe brauchen (=
haben müssen), und dann geben wir es einem
Nähmädchen (oder einer Näherin), um es
zu machen (= verfertigen). Die Näherin zer=
schneidet die Leinwand nach dem Muster (=
Modell) eines Hembes mit einer Sche(e)re, dann

Ein Hemb.

Eine Schere.

nimmt* sie eine Nähnadel und
näht die Stücke zusammen.

Hat die Nähnadel nicht eine
Spitze wie die Feder? Ja, aber
die Spitze der Nähnadel und Steck=
nadel ist viel dünner und schärfer. Die Nadel ist also spitzig
und sticht.* Sticht der Dorn an der Rose nicht auch? Ja
gewiß, und die Bienen, Wespen und Mücken (= Muskitos)
stechen. Auch die Nadeln an den Tannenbäumen stechen.

Die Stecknadel hat einen Kopf und ist eine Nadel zum
Zusammensteckken und Festmachen. Die Nähnadel ist eine
Nadel zum Nähen und hat in dem
oberen Ende eine Oeffnung (= ein
Loch). Die Nase hat zwei Löcher,
die Nasenlöcher Jedes Ohr hat
ein Loch. Die Nähnadel hat auch
nur ein Loch. Durch dieses Loch
zieht die Näherin einen Faden
Zwirn. Der Zwirn wird von
Flachsgarn gemacht. Mit Nadel
und Zwirn näht die Näherin das
Leinen zusammen. Die Näherin

Eine Nähmaschine.

(= Nähterin) näht mit der Hand, oder auch mit der Nähmaschine.

Aber wir vergessen die Geschwister. Was will der Knabe da

---

* Von: messen, maß, gemessen: ich messe, bu missest (ober mißt), er mißt,
wir messen, u. s. w.; so auch nehmen, nahm, genommen; ich nehme, bu nimmst,
er nimmt, wir nehmen, u. s. w.; stechen, stach, gestochen; ich steche, bu stichst, er
sticht, wir stechen; sprechen, sprach, gesprochen; ich spreche, bu sprichst, er spricht, u.s.w.

oben? Er will in das Zimmer bringen* (= preſſen), d. h.,
mit Gewalt kommen, er hat ſchon ſeinen Kopf zwiſchen der
Thür und der Wand. Er ſtemmt ſich mit ſeiner rechten
Schulter gegen die Wand und will ſo die Thür weiter öffnen.
Aber warum läßt die Schweſter ihren Bruder nicht in das Zim=
mer kommen? Er hat ſie nicht in Ruhe gelaſſen. Er hatt
auch das Tintenfaß auf den Fußboden geſtellt, und dann iſt es
umgefallen und hat einen ſchwarzen Flecken gemacht.

Wo iſt der Fußboden? Wir ſtehen, gehen, tanzen, u. ſ. w.
auf dem Fußboden des Zimmers. Der Stuhl und der
Tiſch ſtehen auf dem Fußboden. Ein jedes Zimmer hat einen
Fußboden und eine Decke. Und wo iſt die Decke? Die
Decke iſt die obere Seite, der Fußboden die untere Seite, und
die Wände ſind die vier Seiten des Zimmers zwiſchen dem Fuß=
boden und der Decke. Wenn wir zu Bett gehen, liegen wir auf
dem Bette? Nein, wir liegen im Bett. Und was liegt über
uns? Die Bettdecke. Nun, wir ſind im Zimmer, und über
uns iſt die Zimmer= oder Stubendecke. Das Haar iſt auf dem
Kopfe. Die Decke iſt über unſerem Kopfe (= Haupte).

Sie ſagten, der Knabe ließ die Tinte (oder Dinte) auf den
Fußboden fallen. Hat denn dieſes Zimmer keinen Teppich
auf dem Fußboden? O ja! auf dem Fußboden iſt ein Teppich.
Es iſt ein neuer Brüſſeler Teppich, und die Tinte hat einen
großen ſchwarzen Flecken auf den Teppich gemacht. Das iſt
nicht ſchön (= gut). Nein, das iſt recht ſchlecht (= häßlich)†
von dem Bruder, die arme Schweſter ſo zu plagen! Ja, aber
alle Knaben plagen (= quälen) ihre Schweſtern. O nein!
Sie müſſen nicht ſagen alle. Dieſer Knabe iſt **unartig**
Ein guter Knabe iſt artig, er thut nur, was recht iſt. E

---

* Dringen, drang, gedrungen. Siehe auch Seite 54, Note ¶. † Das Gegen=
theil von gut iſt ſchlecht. Wir nennen das ſchön, was gut ausſieht, aber
häßlich (das Gegentheil von ſchön) iſt, was nicht gut ausſieht. Ein Mädchen
iſt ſchön oder häßlich. Was nicht recht iſt, iſt auch nicht ſchön, es iſt häßlich
gethan (von: thun, that, gethan). Wir ſagen, wenn ein Freund zu uns
in's Haus kommt: Willkommen! oder: Schön willkommen!

beträgt sich gut. Die meisten Kinder betragen sich gut, sind artig. Vergessen Sie nicht, was ich Ihnen schon einmal gesagt habe: **Keine Regel ohne Ausnahme.**

Lection 19 (Neunzehn).

Conjugation der Hülfszeitwörter dürfen* und mögen.*

Präsens.	Imperfectum.	Präsens.	Imperfectum.
ich darf	ich durfte	ich mag	ich mochte
du darffst	du durfteft	du magst	du mochtest
er (sie, es) darf	er durfte	er mag	er mochte
wir dürfen	wir durften	wir mögen	wir mochten
ihr dürf(e)t	ihr durftet	ihr mög(e)t	ihr mochtet
Sie dürfen	Sie durften	Sie mögen	Sie mochten
sie dürfen	sie durften	sie mögen	sie mochten

Eine Handwage.

Hier ist eine Wage, eine Handwage. Wir wiegen (oder wägen)† mit der Wage. Das Ding (= der Gegenstand) bei dem Buchstaben E ist ein Pfundstück. Ein Pfund ist ein Gewicht. Das eiserne Pfundstück hängt an einem Haken. Wie viele Haken sind an der Wage? An der Wage sind drei Haken. An welcher Seite sind die Haken? An der rechten Seite der Handwage. Wir halten diese Handwage mit dem oberen Haken in der Hand. Wir hängen an die zwei

---

* Haupttheile: dürfen, durfte, gedurft und: mögen, mochte, gemocht.
† Wiegen (oder wägen), wog, gewogen.

unteren Haken, was wir wiegen wollen. Was hängt an dem
Haken, bei dem Buchstaben D? Ein dicker, starker Strick.
Stark ist das Gegentheil von schwach. Ein Faden ist
schwach, denn er ist dünn. Ein Strick ist stark, denn er hat
(= enthält) viele Fäden und ist dick. Der Mann ist stark, die
Frau ist schwach, das Kind ist schwächer; es ist am schwächsten.

Wovon ist der Strick? Von Hanf. Wir machen Segel
von Hanf. Der Hanf ist nicht so fein als der Flachs. Aus
Flachs machen wir Leinwand (= Linnen). Grob ist das
Gegentheil von fein. Also, der Hanf ist gröber als der
Flachs. Die Stricke (= Taue) eines Schiffes sind von grobem
Hanf. Die Tischdecke (= Decke eines Tisches) oder das Tisch-
tuch ist gewöhnlich von feinem Linnen (oder Leinen).

Ich will wissen, wie man den Theil des Tisches nennt, auf
welchem die Decke liegt. Sagen Sie nicht: ich will, sondern: ich möchte wissen. Ein Tisch hat vier Beine, und auf
diesen ruht eine Platte. Also, die Tischdecke liegt auf der
Platte, auf der Tischplatte.

Was hängt an dem Strick hier an der Wage? Eine Kiste.
Was für ein Buchstabe steht auf der Kiste? Ein großes
lateinisches W. Wovon* ist die Kiste? Die Kiste ist von
Holz. Der Baum giebt (= liefert) uns das Holz. Die
Thür ist von Holz. Die Tische und Stühle sind auch von
Holz. An dem Fenster sehen wir Holz und Glas. Der Fenster-
rahmen ist von Holz, aber die Fensterscheibe ist von Glas.
Wieviel Rahmen und Scheiben haben unsere Fenster? Jedes
dieser Fenster hat 2 Rahmen und in jedem Rahmen 2 Scheiben.

Wie nennen wir den Theil des Baumes, welcher in der Erde
ist (= steckt)? Das ist die Wurzel. Ein Baum ist eine
Pflanze. Eine jede Pflanze hat eine Wurzel. Das
Wort hat auch eine Wurzel. Die Endung des Wortes steht
nach der Wurzel.

---

* Wir sagen statt von was, für was, zu was, u. s. w.: wovon,
wofür, wozu, u. s. w.

Wie nennen Sie den Theil des Baumes, welcher aus der Erde in die Höhe ſteigt? Das iſt der Stamm. Der Theil des Menſchen, an welchem der Kopf, die Arme und Hände, die Beine und Füße ſind, heißt der Rumpf. Der Rumpf eines Schiffes iſt das Schiffsgebäude* ohne Takel= (werk). Ein Schiff iſt größer als ein Boot, ein Boot größer als ein Kahn oder Nachen.

An dem Stamm des Baumes ſind die Aeſte. Der Aſt iſt der Arm des Baumes. Die kleinen (Arm)theile der Aeſte nennen wir Zweige. Der junge Baum hat wenige Wurzeln und einen nur ſehr dünnen Stamm mit kleinen Aeſten und ſehr wenigen Zweigen. An den Aeſten und Zweigen ſind Blätter im Sommer. Die Blätter ſind im Frühling und im Sommer grün. Im Herbſt werden ſie roth; der Wind weht (= bläſt†) aber ſo heftig (= ſtark), daß ſie dann vom Baume abfallen‡ und auf der Erde liegen und verwelken (= ſterben).

Hat die Uhr nicht auch ein Blatt? Ja, ſie hat ein Ziffer= blatt. Und das Buch hat auch Blätter? Ja, aber dieſe ſind von Papier. Ein jedes Blatt hat zwei Seiten. Wir leſen jetzt auf Seite 62; alſo das wievielte Blatt des Buches iſt das? Das iſt das 31ſte Blatt des Erſten deutſchen Buches. Auf der wievielten Seite iſt der Anfang unſerer Lection? Auf der 60ſten Seite. Und das Ende iſt auf Seite 63. Wir Deut= ſchen ſagen: Ende gut, Alles gut; und auch: Aller Anfang iſt ſchwer.§

Sie ſagten, die Bäume haben Blätter. Die Tannen haben doch keine Blätter? Nein, die Tannen oder Fichten haben

---

* Ein Haus iſt ein Gebäude. Wir bauen (= bilden) das Haus und das Schiff. † Von: blaſen, blies, geblaſen. Das Präſens wird conjugirt: ich blaſe, du bläſeſt, er bläſt, wir blaſen, u. ſ. w. ‡ Daß iſt eine Conjunction, ein Bindewort. Das verbundene Zeitwort iſt untrennbar nach einem relativen (bezüg= lichen) Fürwort oder nach einem ſubordinativen (= unterordnenden) Bindewort. § Schwer iſt viel wiegend und iſt das Gegentheil von leicht. Eine Feder wiegt nicht viel, ſie iſt leicht. Ein Apfel iſt viel ſchwerer; wir ſagen auch: die Lection iſt ſchwer, d. h., die Lection iſt nicht leicht zu lernen und wird viel Mühe (= Arbeit) machen.

Nadeln und sind immer grün. Woher kommen die meisten Tannen? Aus dem nördlichen Europa, aus Norwegen. Die Tanne ist eine Fichtenart (lateinisch *Pinus abies*).

Ein Tannenbaum.

Ist der Baum mit vielen Lichtern, welche alle brennen, nicht ein Tannenbaum? Ja, es ist ein **C h r i s t** baum, denn heute ist der 25ste December, das ist der **C h r i s t** tag oder das Weihnachtsfest. Jesus wurde an diesem Tage geboren,* es ist also sein Geburtstagsfest. Alle Christen feiern (= halten) diesen Festtag. Heute über acht Tage† (oder: in acht Tagen) ist Neujahr (= das Neujahrsfest), das ist der erste Tag des Jahres.

Was befindet sich in der Holzkiste, auf welcher ein W steht? Waare. Was für Waare ist in der Kiste? Thee. Die auf der Handwage gewogene Kiste ist sehr **k l e i n**. Wie viel wiegt, oder wie schwer ist die (oder: was ist das **G e w i c h t** der) Kiste Thee? Sie wiegt genau (= präcis) 2 Pfund‡ (oder ist 2 Pfund schwer§) und 9 Unzen.

Hat das Wort Pfund keine Fallendung in der Mehrzahl? Ja, es nimmt die Endung e; aber das **H a u p t w o r t**, **w e l c h e s e i n G e w i c h t b e z e i c h n e t** (= angiebt), **s t e h t i m m e r i n d e r E i n z a h l, w e n n e s e i n e r Z a h l f o l g t u n d m ä n n l i c h o d e r s ä c h l i c h i s t.**‖ So ist es auch mit der **A n z a h l** (= Quantität) und mit dem **M a ß**. Ja, das haben wir schon auf Seite 46 gehabt. Die 19te Lection ist nun zu Ende (= aus). Wann haben wir die nächste? An meinem Geburtstag, Montag, den 28sten Februar, um acht Uhr (des) Abends. **Also auf Wiedersehen!**

---

* Von gebären, gebar, geboren. † **A c h t T a g e** bedeutet eine **v o l l e W o c h e**, z. B. die Zeit von einem Sonntag bis zum nächsten Sonntag. Für **z w e i W o c h e n** sagt man **v i e r z e h n T a g e**. ‡ Das Pfund hat 16 Unzen. § Siehe Seite 62, Note §. ‖ Das Zeitwort steht am Ende nach **w e n n**. Siehe Seite 43, Note §.